Habilidades Sociales

Cómo Analizar el Carácter y el Lenguaje Corporal de los Demás, Entablar Charlas Triviales y Conversaciones siendo Introvertido, y Aprender Consejos Eficaces para la Comunicación

© Copyright 2020

Todos Los Derechos Reservados. Ninguna parte de este libro podrá reproducirse de forma alguna sin que el autor haya dado permiso por escrito. Se podrán citar pasajes breves en reseñas.

Aviso Legal: Ninguna parte de esta publicación podrá ser reproducida, almacenada en un sistema de recuperación, transmitida bajo ninguna forma por ningún medio, ya sea electrónico, mecánico, de fotocopiado, grabación, transmisión por correo electrónico o cualquier otro, sin el previo consentimiento por escrito de la editorial.

Si bien se han hecho todos los intentos posibles para verificar la información proporcionada por esta publicación, ni el autor ni la editorial asumen ninguna responsabilidad por errores, omisiones o interpretaciones contrarias de la materia en cuestión.

Este libro solo cumple propósitos de entretenimiento. Las opiniones expresadas corresponden únicamente al autor, y no deberían tomarse como instrucciones u órdenes de expertos. El lector es responsable de sus propios actos.

La adhesión a todas las leyes y regulaciones aplicables, incluidas las internacionales, federales, estatales y locales que gobiernan las licencias profesionales, prácticas comerciales, publicidad y cualquier otro aspecto comercial en Estados Unidos, Canadá, el Reino Unido y cualquier otra jurisdicción queda únicamente bajo responsabilidad del comprador o lector.

Ni el autor ni la editorial asumen ninguna responsabilidad u obligación alguna en nombre del comprador o lector de este material. Cualquier agresión que se perciba respecto a cualquier individuo u organización es totalmente involuntaria.

Índice

INTRODUCCIÓN 1
CAPÍTULO 1: CÓMO HACERLE FRENTE A LA ANSIEDAD SOCIAL 3
CAPÍTULO 2: LA IMPORTANCIA DE LAS HABILIDADES SOCIALES 8
CAPÍTULO 3: RASGOS DE LOS INTROVERTIDOS 14
CAPÍTULO 4: OBJETIVOS 20
CAPÍTULO 5: ANALIZANDO A LOS DEMÁS 26
CAPÍTULO 6: LENGUAJE CORPORAL 32
CAPÍTULO 7: CÓMO LEER EXPRESIONES FACIALES 38
CAPÍTULO 8: LOS CUATRO TIPOS DE PERSONALIDAD 43
    Colérico 44
    Optimista 45
    Flemático 46
    Melancólico 47
CAPÍTULO 9: CÓMO DETECTAR A UN MENTIROSO 49
CAPÍTULO 10: CONVIERTA EL LENGUAJE CORPORAL EN SU SUPERPODER 55
CAPÍTULO 11: ENFRENTARSE A LA CHARLA CASUAL COMO PERSONA INTROVERTIDA 61

¿POR QUÉ A LOS INTROVERTIDOS LES CUESTA Y DISGUSTA TANTO LA CARLA TRIVIAL? 62
CAPÍTULO 12: PROBLEMAS Y RELACIONES DE LOS INTROVERTIDOS 67
CAPÍTULO 13: PROBLEMAS DE LOS INTROVERTIDOS EN EL ENTORNO LABORAL 73
CAPÍTULO 14: PROBLEMAS DE LOS INTROVERTIDOS EN EVENTOS SOCIALES, REUNIONES Y FIESTAS..79
CAPÍTULO 15: INTELIGENCIA EMOCIONAL 85
¿QUÉ IMPORTANCIA TIENE LA INTELIGENCIA EMOCIONAL, ESPECIALMENTE PARA USTED? 87
CAPÍTULO 16: CONSEJOS PRÁCTICOS PARA LA COMUNICACIÓN (SUGERENCIAS BÁSICAS) 91
CAPÍTULO 17: INDIVIDUOS INSPIRADORES...96
CONCLUSIÓN..100

Introducción

Hay muchas concepciones erróneas sobre los introvertidos: se les percibe como antisociales, antipáticos, tímidos, reservados, solitarios... y la lista podría seguir interminablemente. Sin embargo, lo que no se menciona con suficiente frecuencia es que ser introvertido o tener rasgos de introversión puede ser toda una *ventaja*.

Los siguientes capítulos discutirán, con ejemplos modernos de relevancia, cómo las personas que se identifican como introvertidas pueden desarrollar unas buenas habilidades sociales. También se explorarán cuestiones como hacerle frente a la ansiedad social, convertir rasgos introvertidos en rasgos más sociables, el lenguaje corporal, y la interacción con distintos tipos de personas.

En su conjunto, el libro proporciona consejos relevantes según estudios modernos, así como una descripción de cómo socializan algunas personas de renombre. El proceso comunicativo es importante, y este libro le permitirá comprender los conceptos básicos de la comunicación eficaz. De este modo, le será posible entender las distintas características de personas diferentes, incluyendo cómo identificar a un mentiroso. Esto le permitirá a usted, el lector, ser mucho más eficaz con sus interacciones sociales.

También se cubrirán las maneras más efectivas de conducirnos en eventos sociales. Por ejemplo, saber proyectar una buena imagen es un aspecto importante de la socialización.

Tras leer este libro informativo, si usted se identifica como introvertido o alberga tendencias introvertidas, podrá superar sus miedos y ansiedades y, por lo general, cambiará la forma en la que se le percibe en entornos sociales y laborales.

Mientras lee este libro, algo importante a recordar es que usted *no* está solo y que no le ocurre *nada* malo. En el mundo abundan personas con las mismas 'trabas' de comunicación, y solo porque consiga usted dominar ciertas técnicas de conversación no significa que su esencia personal vaya a cambiar por completo. Usted seguirá siendo *el mismo,* ¡solo que más lleno de confianza!

Las personas introvertidas obtienen su energía del tiempo que pasan a solas (¡algo que a menudo es positivo!). Igual que una batería, se toman un tiempo de recarga antes de desenchufarse y volver al exterior, donde interactuarán con un mundo tan hermoso como caótico.

Capítulo 1: Cómo Hacerle Frente a la Ansiedad Social

Por desgracia, las habilidades sociales son esenciales en la vida diaria, ya sea en lo social o lo profesional. El miedo y la ansiedad se cuentan entre los principales factores que determinan las habilidades sociales de una persona, y es vital comprender el impacto que tienen en su vida. La mayoría de la gente es incapaz de ponerse frente a una gran multitud y dar un discurso debido al miedo escénico, y este miedo siempre influye en la transmisión del mensaje. De forma similar, cuando interactuamos con otras personas en un evento social o una reunión de trabajo, el miedo y la ansiedad tienen un gran impacto en cómo se interactúa con los demás. Es importante entender, no obstante, que el miedo "solo está en nuestra cabeza": cerciórese de que *sí* se puede aliviar de forma permanente con una buena práctica.

Al igual que le ocurre a usted, para la mayoría de las personas, ya se identifiquen como introvertidas o tengan tendencias introvertidas, plantarse frente a una gran multitud es tan intimidante como plantarse ante un oso en medio del bosque. Este miedo es una consecuencia de evitar constantemente la importancia de desarrollar habilidades de interacción social, y la ansiedad se incrementa como resultado de darse cuenta de que interactuar con los demás puede ser difícil. No obstante, *es posible* superar esto mediante ciertas experiencias, como hablar en público a menudo, lo que termina por eliminar el miedo que se asocia a las interacciones sociales. Lo mismo ocurre con las interacciones en las que se conversa con una sola persona, donde entender los distintos aspectos de las habilidades sociales puede suponer una tremenda diferencia.

Para poder aplicar los conceptos que se mencionan en este libro, es necesario que usted, el lector, establezca una base que le permita comprender cuáles son las mejores formas de mejorar sus habilidades sociales:

Entienda que el miedo y la ansiedad están solo en su cabeza (¡sí, es más fácil decirlo que hacerlo!): Lo más importante a la hora de desarrollar unas buenas habilidades sociales es mantener una confianza absoluta en usted mismo. Desarrollar pericia social significa conseguir que la gente a su alrededor le comprenda, y que interactúe con usted de forma normal. Esto solo puede conseguirse si está usted seguro de lo que dice, ya que esto dará validez a sus palabras. La confianza puede desarrollarse perfeccionando los elementos del mensaje que se comunican; de forma que, cuando esté usted frente a otras personas, pueda hablar sin que lo interrumpan, inspirando así confianza en los demás.

Tenga la mente abierta: Es extremadamente importante mantener una mente abierta, porque esto le permitirá mantenerse abierto a ideas distintas. El miedo y la ansiedad proceden de causas diferentes según la persona, con lo cual es importante ser receptivo a los consejos y estar dispuesto a probar cosas nuevas. Una razón por la que el miedo y la ansiedad se manifiestan durante tanto tiempo es que a menudo no reconocemos otros métodos para combatir estos problemas. Por lo tanto, el proceso de desarrollo de las habilidades sociales dependerá de su capacidad para ser receptivo a nuevas ideas, las cuales podrá implementar después para conseguir un efecto positivo. Las ideas que se sugieren en este libro son generales, y cubren un amplio rango de cualidades sociales. Es importante mantenerse receptivo a las distintas formas con que podemos mejorar nuestra destreza social.

¿Qué papel juegan el miedo y la ansiedad en el desarrollo de sus habilidades e interacciones sociales?

Limitan el pensamiento constructivo: Cuando usted se centra en el miedo y la ansiedad que le consumen, sus habilidades sociales se vuelven obstructivas. Esto significa que no habrá suficiente tiempo para pensar de forma constructiva ni para comunicar un buen discurso, o para mantener una conversación decente. El miedo escénico es un excelente ejemplo de cómo el miedo y la ansiedad se manifiestan, y de cómo limita la forma en que pensamos y presentamos nuestras ideas. Por lo tanto, el miedo y la ansiedad pueden afectar negativamente a sus interacciones sociales, porque no será usted capaz de expresarse adecuadamente, lo que resultará en una comunicación ineficaz.

Entorpece la comunicación eficaz: El miedo y la ansiedad derivan en silencio, mansedumbre e incluso confusión al interactuar con los demás. Así pues, cuando el miedo nos domina no solo se destruye la comunicación: nuestra habilidad para conseguir que los demás nos entiendan también se ve afectada. Las habilidades sociales no se pueden mejorar si nos centramos únicamente en el miedo, dado que eso será lo único en lo que estamos pensando. En nuestra mente se amontonan pensamientos sobre nuestra imagen, las opiniones ajenas e incluso el sonido de nuestra voz. En una situación así, obtener una comunicación eficaz se vuelve prácticamente imposible.

Distrae a nuestros interlocutores: Además de perjudicar nuestras habilidades e interacciones sociales, el miedo y la ansiedad distraen a quienes nos oyen de lo que es importante. Ya sea en una reunión social o hablando con una sola persona, es más probable llamar la atención por la ineficacia de nuestra comunicación y nuestras muestras de miedo que por el mensaje que intentamos comunicar. Esto perjudica al mensaje que se procura transmitir, porque la persona o personas se centrarán en el miedo que estamos manifestando. Esta es una gran desventaja que obstruye el desarrollo de las habilidades sociales.

Limita nuestra capacidad para trabar amistades: La ineficacia en la interacción se desarrolla cuando no logramos comunicarnos debido al miedo y la ansiedad. Cuando usted interactúe socialmente con otras personas, seguramente pasará mucho tiempo pensando en sus propias debilidades, lo que limitará su capacidad para hacer amigos. Puede que le resulte particularmente difícil conocer a gente nueva y hacerse una idea de sus personalidades, con lo que hacer amigos le resultará increíblemente difícil. Esta es una gran desventaja con la que el miedo y la ansiedad le caracterizan, porque le impiden interactuar de forma adecuada. Hacer amigos es una parte crucial de la interacción social, y no ser capaz de hacerlo es una desventaja importante, porque la amistad puede convertirse en algo gratificante. Los amigos nos dan la oportunidad de prosperar y ser *nosotros mismos,* ya que a menudo trabamos amistad con quienes compartan cualidades, opiniones y perspectivas similares a las nuestras. Esto se traduce en una relación positiva.

Puede hacer que no se nos tome en serio: Como ya se ha mencionado, cuando el miedo nos domina, a veces también se nota. Esto puede limitar el proceso comunicativo, ya que puede conseguir que nuestro mensaje se ignore. Los elementos de toda comunicación eficaz incluyen la elocuencia y el lenguaje corporal apropiado, sobre todo cuando se pretende comunicar algo importante.

Impide llevar a cabo una presentación: En entornos laborales y situaciones sociales, la habilidad de llevar a cabo adecuadamente una presentación queda afectada por el miedo y la ansiedad. Una buena comunicación exige que nos dirijamos a todos, independientemente de sus personalidades. Sin embargo, el miedo limita esta habilidad, porque empezamos a centrarnos más en nosotros mismos que en lo que comunicamos. Es importante tener en cuenta nuestra confianza al hacer una presentación, dado que es el único método efectivo para comunicar cosas importantes cuando interactuamos con los demás.

Limita oportunidades de comunicación en el futuro: Su habilidad para comunicarse y transmitir mensajes en el futuro desaparecerá poco a poco si no es usted capaz de interactuar socialmente. El miedo limita las oportunidades que pueden presentarse, porque no podrá usted centrarse en nada más que en sus propias deficiencias cuando se comunique con otras personas. Sentimentalmente hablando, se puede perder a un amigo debido a la comunicación ineficaz, porque a algunas personas no les gusta la gente ansiosa o miedosa. Es importante superar la cuestión del miedo para mantener abiertas oportunidades de comunicación en el futuro, ya que el miedo hace que los demás nos tengan menos estima. El hecho es que la ansiedad social puede controlarse, y con el tiempo eliminarse, si se entiende el papel básico que el miedo interpreta en nuestro proceso de interacción. Que no le quepa duda: cuando descubra cómo el miedo y la ansiedad influyen en su vida, le resultará más fácil tomar mejores decisiones en cuanto a cómo interactuar con los demás.

El secreto para desarrollar un carisma natural y superar la ansiedad es, por consiguiente, la experiencia... ¡y la práctica! Se trata, aunque pueda sonar un tanto riguroso, de un enfoque al estilo "mano dura": usted *debe* estar dispuesto a superar sus tendencias introvertidas para poder reemplazarlas por otras más interactivas.

Pero no se preocupe. ¡Recuerde que estamos aquí para ayudarle!

Capítulo 2: La Importancia de las Habilidades Sociales

Las habilidades sociales describen el método básico de comunicación de una sociedad. Su definición abarca las formas tanto verbales como no verbales de comunicación, ya que ambas son esenciales para contar con buenas habilidades sociales. Las personas interactúan e incluso trabajan entre sí como resultado de poner en práctica sus habilidades sociales, lo que conjunta nuestros trasfondos y objetivos en común. Las habilidades sociales permiten una mayor interacción entre personas con distintos trasfondos, lo que a su vez permite que se establezcan relaciones mutuamente beneficiosas en la sociedad.

En sociedad, todo el mundo, no solo usted, se beneficia de dominar sus habilidades sociales, porque supone un beneficio progresivo para todos. En primer lugar, dominarlas nos permite mejorar nuestras relaciones, y nos permite sentirnos más unidos entre nosotros. La destreza social enfatiza las virtudes de la honestidad y el compañerismo, lo que a su vez incrementa la cercanía entre personas diferentes. Las personas carismáticas caen mejor que las ordinarias, porque las primeras pueden expresar mejor sus habilidades sociales. Lo mismo ocurre con las relaciones románticas, puesto que es posible mejorarlas como resultado de contar con unas excelentes habilidades sociales que fomenten la comunicación abierta. Las habilidades sociales hacen que sea más fácil forjar relaciones sólidas, ya que facilita la comunicación y favorece la acción.

Como hemos dicho, unas excelentes habilidades comunicativas, en combinación con una forma adecuada de comunicarse, es un método seguro para atraer a nuevas amistades. Es más fácil llamar la atención de alguien con quien normalmente no hablaríamos si perciben nuestras habilidades sociales una vez han mejorado. A todos les gustan los individuos elocuentes y abiertos, lo cual es crucial en procesos comunicativos e interactivos. Conseguir que nuestro mensaje llegue a los demás puede ser la diferencia entre el éxito y el fracaso; por lo tanto, si usted comprende y perfecciona sus aptitudes sociales, no se le malinterpretará muy a menudo. Esto también incide en presentaciones y discursos, ya que no le resultará tan difícil hacerse entender frente a una multitud: usted será capaz de comunicarse con varias personas tal como si fueran sus propios amigos.

La mayoría de los profesionales han logrado avanzar en sus profesiones como resultado de perfeccionar sus dotes sociales. Entender cómo podemos comunicarnos con quienes nos rodean es vital para tener éxito en un entorno profesional. Esto se debe a que no solo es necesario ser un buen jugador de equipo, sino también ser un buen director y árbitro para impulsar el éxito de la compañía. Las habilidades sociales nos permiten conducirnos de forma adecuada y rodearnos de amigos que nos ayuden a avanzar en nuestra carrera. La pericia social también nos permite formar relaciones más cercanas con los clientes, los cuales son responsables del crecimiento de un negocio y del éxito de quienes se dedican a él.

Las habilidades sociales también le llevarán a gozar de una mejor reputación, porque usted se hará querer mucho más que alguien que no cuente con dichas habilidades. Por ejemplo, los presidentes y líderes que muestran una excelente destreza comunicativa, tanto en público como en privado, se ganan el respeto de muchas personas. Como resultado, adquieren al instante una buena reputación entre distintas comunidades, al contrario de quienes no consiguen expresarse adecuadamente.

Es posible ser mucho más feliz con uno mismo si se dominan las habilidades sociales, frente a la depresión que causa la soledad. Por supuesto, y desgraciadamente, muchos introvertidos ignoran la posibilidad de mejorar sus dotes sociales porque no le encuentran beneficio; o acaso sus miedos les frenan. Prefieren mantenerse al margen y proteger su intimidad tanto como les sea posible, en lugar de salir ahí fuera e interactuar con los demás. Esto suele derivar de la necesidad de llevar una vida privada y alejarse del resto de la gente; no obstante, el hecho es que la sociedad solo puede progresar cuando todos colaboran entre sí. Los introvertidos suelen creer que no necesitan interactuar con el resto de la sociedad, pero esto tiene la perjudicial consecuencia de ocasionar depresión e infelicidad. Unas buenas habilidades sociales permitirán que usted se mueva con libertad y franqueza, y que nunca se sienta obligado a tomar una acción en concreto, sino que más bien disfrute de la libertad de poder tomar decisiones. Interactuar con los demás es esencial para que una comunidad asegure su felicidad, y, por lo tanto, la felicidad personal debería ser de vital importancia para cualquiera que desee dominar sus aptitudes sociales.

Si busca usted una audiencia más extensa para su negocio, o por cualquier razón social, el dominio de las dotes sociales puede suponer una tremenda diferencia. Incluso al comunicarse por Internet (por ejemplo, al postear tweets), las dotes sociales determinarán la naturaleza de la comunicación entre usted y su público, que será mucho más amplio si cuenta usted con grandes habilidades sociales: su comunicación será eficaz, y la apreciarán muchas más personas. De este modo, será posible comunicar un mensaje importante y promocionar su negocio con éxito.

Otro beneficio fundamental de las habilidades sociales es que permiten que se nos acepte en distintos grupos sociales y profesionales. La capacidad de comunicarnos eficazmente, sin miedo ni ansiedad, nos hace atractivos para los demás y garantiza que tendremos acceso a más oportunidades. Quienes salen a explorar y ver el mundo lo hacen porque no son introvertidos *(qué suerte tienen, ¿verdad? ¡Pero usted también puede hacerlo!)*. Su dominio de las habilidades sociales les permite adentrarse en varios grupos sociales y ver tanto mundo como les sea posible. Cualquiera que perfeccione sus aptitudes sociales puede conseguir que lo acepten en muchos grupos distintos.

Es bastante difícil "conseguirlo" en nuestra sociedad si estamos solos, porque de una forma u otra, dependemos el uno del otro. Así pues, aquí describimos varios aspectos cruciales que nos ayudarán con nuestras tendencias introvertidas:

Converse con amigos y diversifíquese: Hable con un amigo íntimo o un miembro de su familia para mejorar sus habilidades sociales. Es de vital importancia conseguir la ayuda de personas en quienes confiamos, porque serán honestas con usted y le guiarán a través del proceso con sensatez. Es también necesario ser respetuosos con sus opiniones: hay una razón por la cual los ha elegido para que le guíen. Practicar conversaciones para el futuro, ya sea en una cena de gala o al intentar conseguir una cita, le ayudará a prepararse para lo que venga. Para mejorar nuestra destreza social también es importante diversificarse, porque es necesario interactuar con gente que esté fuera de nuestro círculo habitual de amigos, incluso fuera de nuestra cultura. Conocer las perspectivas vitales de nuevas personas y aprender de ellas es importante para perfeccionar nuestras habilidades sociales. Las personas de otras culturas interactúan de una forma a la que quizá no estemos acostumbrados, y la propia experiencia de hablar con ellas nos hará aprender. Cuando alcance usted un dominio completo de sus dotes sociales, su mente se abrirá a nuevas ideas y diversas formas de pensar.

Practique delante del espejo: Esto es crucial, porque tenemos que ganar confianza en nosotros mismos. Observe su cara en el espejo, fíjese en cómo viste, e imagine lo que los demás pensarán de usted.

Es necesario tener confianza y usar la expresión facial, así como otras formas de lenguaje corporal, para comunicarse. El objetivo de mirarse al espejo es entender que *no hay ningún problema con usted* cuando hace su presentación, y que debería mostrar más confianza cuando esté rodeado de gente.

Lea más sobre habilidades sociales: En Internet hay mucho contenido que puede inspirarle, hacerle entender mejor estas habilidades y aprender a dominarlas. Este libro ofrece una guía similar en cuanto a esos pasos, ya que, si los practica, ganará confianza con el tiempo. Leer contenido adicional en Internet le conferirá la base de conocimiento que necesita para tomar mejores decisiones y conducirse mejor entre sus semejantes. Es necesario ampliar este conocimiento, pues hará que le resulte más fácil evitar sus ansiedades y desarrollar una mayor confianza al hablar con los demás. Esto también cuenta para situaciones románticas.

Recuerde que la práctica hace al maestro: Es importante que continúe usted practicando sus habilidades sociales. Después de todo, interactuar con más y más personas termina por eliminar el miedo y la ansiedad que nos frenan. Desarrollará usted unas excelentes habilidades sociales si recuerda en todo momento que interactuar con los demás se hace cada vez más y más fácil, y que *conseguirá* la confianza que necesita en sus interacciones. Con el tiempo, el contacto social dejará de ser un problema, porque la práctica constante le hará acostumbrarse a compañías de distinta índole. Aprenderá a conducirse mejor en situaciones diferentes.

Inspírese en personajes conocidos: Otra forma con la que puede mejorar sus dotes sociales es leer acerca de personas que han destacado por ellas. Emular a un líder o a un famoso le concederá más confianza, y le incitará a desarrollar unas mejores habilidades comunicativas. Puede imitarlos si se siente usted cómodo con su forma de ser y de conducirse ante los demás. Esto se puede conseguir copiando aquellas tendencias que más le gusten de ellos, y le ayudará a entender que ese miedo que le impide progresar y que le causa una constante (y molesta) flaqueza, solo existe en su cabeza. Una figura inspiradora puede servir como guía útil para conducirnos mejor en un evento social, así como para asegurar que las personas con quienes nos comunicamos nos entienden mejor e incluso que les caemos bien. Tomemos como ejemplo a un actor o actriz atractivo: es posible imitar sus acciones e incluso sus frases en una cita. Puede hacer que un encuentro sea tan romántico que el éxito esté asegurado en muy poco tiempo.

Capítulo 3: Rasgos de los Introvertidos

¿Es usted realmente un introvertido?

Esta es una pregunta extremadamente importante, ya que determinará hasta dónde llegará su maestría de las habilidades sociales. Un introvertido es una persona que prefiere estar sola en un entorno tranquilo. En general, emplean mucha energía en procesos de socialización, pero esto no significa que los introvertidos no cuenten con dotes sociales. Un buen ejemplo sería alguien que prefiere sentarse a solas en su balcón para relajarse, en contrapunto a un extrovertido, que seguramente preferirá salir de fiesta.

No hay nada malo en ser un introvertido. De hecho, hay estudios que sugieren que la mitad de los estadounidenses son introvertidos. Así pues, ¿cómo saber si somos introvertidos o no?

Socialización: Salir constantemente de fiesta, participar a menudo en charlas casuales y buscar atención son actividades que a la mayoría de los introvertidos les resultarían fastidiosas. Para ellos, socializar es una actividad que debe ser significativa: prefieren que no haya demasiado jaleo en la fiesta a la que acudan, y que las conversaciones sean menos casuales y más trascendentales. Ser extrovertido les resulta una tarea difícil, porque tienen que lidiar constantemente con varias personas, lo que deja menos espacio para conexiones profundas.

Establecer contactos es difícil: A la mayoría de los introvertidos no les seduce este esfuerzo, y consideran que solo se deben establecer contactos cuando sea necesario. A los introvertidos, el esfuerzo que se requiere para hacer muchos amigos con los que quizá se tenga una sola conversación no les resulta agradable. Por lo tanto, si establecer una red de contactos se le antoja más difícil que atender a una clase de matemáticas, quizá sea usted un introvertido. Las redes sociales son una plataforma excelente para entender la naturaleza de los extrovertidos. La mayoría colgarán varias fotos personales, dedicarán mucho tiempo a entablar conversaciones y acumularán grandes números de seguidores. Para alcanzar este estatus, se requiere una gran interconexión para alcanzar al mayor número de gente posible e incrementar la popularidad.

Tiene usted su propio mundo: ¿Se encuentra sumergido constantemente en un mundo fantástico? ¿Quizá uno en el que piensa o con el que sueña a menudo? ¿Le gusta pasar mucho tiempo en este mundo de fantasía y suele sentirse recargado cuando sale de él? En ese caso, puede que sea usted un introvertido. El hecho de que tenga su pequeño mundo en el que sumergirse cuando quiere es un rasgo revelador, y demuestra que es usted creativo que dedica mucho tiempo a sus propios pensamientos.

Dedica mucho tiempo a perseguir sus intereses: Los introvertidos acostumbran a ser personas organizadas y sistemáticas, hasta el punto de tener siempre algún objetivo que perseguir. Los introvertidos se establecen sus propios objetivos, y dicha tarea puede variar mucho en cuanto a dificultad, pero siempre será un reto. Según pasa el tiempo, el objetivo deseado terminará por alcanzarse, lo cual puede que ocupe un largo espacio de tiempo. Esto contrasta con los rasgos de los extrovertidos, quienes siempre se encuentran más institucionalizados, y es más probable que persigan tareas relacionadas con lo profesional. Los extrovertidos no suelen dedicar mucho a tiempo a sí mismos, ya que están constantemente rodeados de amigos, ya sea en redes sociales o en la vida real.

Pasa mucho tiempo a solas: Este es un rasgo de las personas introvertidas del que se suele hablar, pero que a veces confunde y hace que los demás le tomen por antisocial. La realidad es que los introvertidos prefieren las compañías significativas, y cuando no las tienen, prefieren estar solos.

Una sociedad extrovertida le resulta extraña: A la mayoría de los introvertidos les cuesta socializar y seguir el ritmo de un mundo extrovertido. El no tener apenas tiempo para uno mismo les preocupa lo suficiente como para que el mundo de las personas extrovertidas les resulte muy extraño. Los introvertidos precisan de mucho tiempo para sí mismos y necesitan llevar a cabo solo unas pocas conversaciones significativas a la vez. Esto no es posible para un extrovertido, lo cual hace que su mundo parezca totalmente distinto del de un introvertido. Por lo general, los introvertidos prefieren pasar tiempo a solas y evitar círculos de personas en los que no se sientan a gusto.

Trabaja mejor por su cuenta: El placer que le proporciona hacer algo a solas se ve culminado por el éxito eventual. Los introvertidos prefieren afrontar el reto por sí mismos antes que culpar a los demás. Quizá pidan ayuda para proyectos técnicos y complicados, pero supervisarán todo el proceso con una precisión que acaba por impresionar a los demás. Los extrovertidos, en cambio, prefieren solicitar cuanta ayuda sea posible, y tal vez destaquen más trabajando en equipo. Al contrario que los extrovertidos, los introvertidos se sienten muy satisfechos al final del día si se han encargado de todo el trabajo.

Pasa mucho tiempo dentro de su cabeza: Si cree usted que pasa tanto tiempo ensoñando que llega a distraerse, quizá sea alguien introvertido. Pasar mucho tiempo con usted mismo, y disfrutar tal actividad más que interactuar con los demás, muestra cuál es la naturaleza profunda de su intuición.

Tiene un círculo estrecho de amigos: La mayoría de los introvertidos prefieren tener solo unos pocos amigos con los que de verdad conecten y conversen, y en quienes realmente confíen. Los extrovertidos son personas sociables que disfrutan hablando a la vez con varias personas de personalidad diversa. Esto último es muy distinto de lo que sucede con los introvertidos, que prefieren pasar un rato tranquilo con amigos íntimos, lo que les permite tener conversaciones filosóficas o charlar sobre los intereses que comparten. Esta es quizá una razón por la cual a los introvertidos se les tacha de antisociales, porque no traban amistad con personas con las que no puedan mantener conversaciones, pero sí formarán vínculos muy íntimos con gente de personalidad parecida.

Está inmerso en una búsqueda constante de conocimiento: A un introvertido nunca le satisface lo que ya sabe: busca constantemente la manera de aprender tanto como sea posible. Les suelen gustar los descansos y vacaciones que les permitan explorar la naturaleza e interactuar con ella, dado que así pueden ver el mundo y descubrir cosas nuevas. De igual forma, dedican mucho tiempo entre libros para descubrir algo que no sabían.

Se aleja del foco de atención: Los introvertidos prefieren llamar menos la atención. Es muy infrecuente encontrarlos en el seno del alboroto. Prefieren alejarse de las miradas curiosas y dejar que sea otro el que obtenga reputación y reconocimiento, porque el proceso de socialización les resulta demasiado cansado.

Comunica mejor lo que piensa por escrito que de forma oral: Si el arte escrito le gusta más que la oratoria o la interpretación, puede que sea usted alguien introvertido. Esta es una discusión que los introvertidos tienen a menudo, especialmente cuando comparen una película con el libro en el que está basada: la mayoría de los introvertidos prefieren leer el libro antes que ver la película, porque les confiere más espacio para la imaginación y para disfrutar la historia. Es el caso contrario de los extrovertidos, que probablemente prefieran la película al libro porque así tienen más oportunidades para interactuar con los demás y ver la película en grupo.

No siempre tiene todas las respuestas: Solo porque los introvertidos sean diferentes de los extrovertidos no significa necesariamente que sean más listos o cultos. Son gente normal que se comporta de manera distinta a los extrovertidos, lo que tiene más que ver con el cerebro que con las decisiones que se toman. La descarga de dopamina cerebral difiere entre extrovertidos e introvertidos, y esto ofrece una prueba sólida de sus diferencias de personalidad. Por lo tanto, los extrovertidos no deberían culpar a los introvertidos ni presionarlos sugiriendo que deberían saberlo todo, porque tienen las mismas oportunidades para obtener respuestas a sus preguntas. Este libro le ayudará en ese sentido, porque le demostrará que no debería usted estar confundido respecto a si es un introvertido o no.

Los introvertidos no odian a la gente: Suele pensarse que, como no socializan mucho, a los introvertidos les debe disgustar la gente. Lo que hacen es simplemente buscar conexiones significativas cuando interactúan con los demás, y acaban formando uniones muy íntimas con otras personas. Por lo tanto, los introvertidos pueden ser fácilmente los mejores amigos que se pueden tener.

Los introvertidos no necesariamente quieren ser extrovertidos: Las personas introvertidas se enorgullecen de sí mismas y de su forma de comportarse. Esto se debe a que confían en su intuición para determinar su conducta, en lugar de confiar en lo que hace la mayoría. Por lo tanto, los introvertidos no quieren ser necesariamente como todos los demás y se sienten bastante satisfechos consigo mismos.

Los introvertidos no son socialmente torpes: Se trata de personas sorprendentemente sociales, solo que prefieren tener unos pocos amigos y no hablar constantemente con gente a la que no conocen. Esta personalidad positiva no se traduce necesariamente en torpeza social, sino todo lo contrario.

Los introvertidos no son maleducados: A veces se puede tener la impresión de que son antipáticos por no querer participar en conversaciones o acudir al mismo evento. Lo cierto es que los introvertidos son personas interesantes que siempre buscan la forma de utilizar su tiempo de manera constructiva, lo que no significa que sean unos bordes.

Los introvertidos no tienen por qué cambiar: Se sienten muy orgullosos de sí mismos, y a veces pueden sentirse forzadas a cambiar para encajar en un evento social. En realidad, a los introvertidos se les suele aceptar mejor si mantienen una actitud específica que termine por quedar siempre asociada a ellos.

Capítulo 4: Objetivos

Para mejorar sus habilidades sociales, es importante empezar por establecer objetivos realistas. En consecuencia, usted deberá ceñirse a esos objetivos para poder interactuar mejor con los demás. Esto es crucial, porque no planear bien equivale a planear un fracaso asegurado, y, así pues, es necesario subrayar primero aquellas debilidades que debamos mejorar de inmediato y marcar los objetivos adecuados para lograrlo.

Puede que a algunos este proceso les resulte demasiado extenuante, porque requerirá mucha planificación e incluso lectura previa, pero es necesario entender lo importancia que esto tiene a la hora de mejorar las aptitudes sociales. Hacia el final de este capítulo, describiremos un ejemplo práctico acerca de cómo marcar objetivos y cumplirlos con éxito.

La siguiente lista muestra seis razones por las cuales es importante fijarse metas para poder mejorar las habilidades sociales:

Le permite identificar los retos de antemano: Marcarse objetivos es importante porque le permitirá comprender los obstáculos que le deparan antes de tener que interactuar con los demás. Esto es esencial si se pretende superar problemas de socialización, y no significa que deba usted cambiar su personalidad. La belleza de marcarse objetivos consiste en que se pueden reconocer las dificultades venideras antes de tener que afrontarlas. Esto le proporcionará tiempo suficiente para prepararse mentalmente, y es el primer paso a seguir para comprender las habilidades sociales.

Le ayuda a adquirir experiencia: La fase de planteamiento es importante en cualquier estrategia. Por lo tanto, es la manera perfecta para ganar experiencia en cuanto a las ventajas y desventajas que surgen cuando se intenta perfeccionar la destreza comunicativa. Es poco común que un plan salga justo tal y como se concibió, y esta es una experiencia útil para cualquiera que esté aprendiendo habilidades sociales. Es necesario darse cuenta de que no sirve de nada torturarse después de una interacción: siempre habrá más. Es más importante prepararse para el siguiente obstáculo, y cada interacción debería considerarse como una experiencia de aprendizaje.

Le permite entender mejor sus debilidades: Gestionar las debilidades específicas que nos dificultan interactuar con los demás es mucho más fácil cuando se empieza por identificar dichas debilidades. Todos tenemos distintos tipos de flaquezas, desde aborrecer las conversaciones largas, hablar sobre ciertos temas o interactuar con ciertos tipos de personalidad. Si se identifican estas flaquezas, tendremos mucho más tiempo para comprender cómo abordar el problema y cómo practicar para ello. Por ejemplo, un introvertido al que no le gusten las conversaciones largas podrá encontrar una manera hábil para excusarse y escabullirse.

Le ayuda a practicar: Es importante poder enumerar sus acciones y prepararse para interactuar con los demás. Aquí radica la importancia de marcarse objetivos, ya que le confiere la importante preparación mental que supondrá toda la diferencia. Es fundamental que usted se vea a sí mismo con una persona normal y acumule confianza, lo cual se conseguirá fácilmente si se practica de antemano. Por ejemplo, es posible escribir un pequeño guion y recitarlo mentalmente una y otra vez. Esto es importante porque le dará un cierto rango del nivel de interacciones en las que deberá participar, lo cual le ayudará a estar preparado.

Le ayuda a ganar confianza: El proceso de establecer objetivos le permitirá afrontar la tarea en cuestión sabiendo qué retos le esperan, así como implementar una estrategia aplicable. Esto es importante porque le hará ganar en confianza, un rasgo que sin duda necesitará cuando intente dominar sus habilidades sociales. No hay nada intimidante en hablar frente a un grupo de personas, ni tampoco en una situación romántica en la que se intenta hablar con alguien del sexo opuesto. El hecho es el mismo: a todos nos gusta la gente que muestra confianza, y si usted consigue hacerlo, es muy probable que caiga bien a los demás. Por lo tanto, establecer objetivos con antelación es crucial para conseguir confianza y entender qué habilidades sociales necesitamos.

Le permitirá pedir ayuda a un amigo: Marcarse objetivos le dará la oportunidad de pedirle ayuda a un amigo íntimo para perfeccionar sus dotes sociales. Tendrá tiempo para consultar a un amigo y practicar con él, lo que le permitirá materializar lo que ya ha aprendido. Esta es una técnica bastante efectiva, porque su amigo puede decirle qué impresión causa usted y darle algunos consejos para mejorar. Establecer objetivos le ayuda a anticiparse a retos que quizá se le presenten cuando interactúa con otras personas, y la ayuda de su amigo hará que el proceso le resulte mucho más fácil en conjunto.

Toby es una persona introvertida y solo tiene unos pocos amigos. Sin embargo, es bastante sociable cuando se tiene la oportunidad de interactuar con él, y recientemente le han ascendido a director de su oficina. Casi nunca va a fiestas, pero ahora no solo tendrá que asistir a la fiesta de celebración por su ascenso, sino que tendrá que dar un discurso y relacionarse constantemente con los demás. Solo tiene una semana para prepararse, y lo que más le preocupa es que no quiere asistir a la fiesta porque no se le da bien socializar. Por lo tanto, se ha propuesto poner en práctica los siguientes objetivos antes de que acabe la semana:

Asistir a la junta vecinal: Como persona introvertida, esta fue la primera vez que Toby asistía a una junta de vecinos. Lo hizo para superar lo mucho que le costaba implicarse en conversaciones largas que no le reportaban ningún beneficio en concreto. Sin embargo, para cuando acababa la noche, le sorprendió lo estimulado que se sentía, porque pudo hablar con algunos vecinos a los que no conocía, pero con los que compartía algunos intereses. Fue capaz de superar su temor a exponerse a conversaciones prolongadas que consumían gran parte de su tiempo y su energía. Pero Toby consideró que la junta fue todo un éxito, porque le preparó para lo que venía después.

Pasar tiempo frente al espejo: Toby mejoró su comprensión de las expresiones faciales y el lenguaje corporal practicando delante del espejo. Recitó un discurso provisional y se observó a sí mismo, lo que le ayudó a ganar confianza e incluso a decidir la indumentaria más adecuada. Esta fue una acción positiva, porque resultó evidente que el proceso no era demasiado difícil y que podía aplicarse a entender sus habilidades sociales. Fue importante practicar a solas, ya que le dio una cierta idea de qué decir y cómo conducirse.

Leer libros sobre discursos: Este tema le resultó sorprendentemente interesante, porque descubrió que en internet hay buenos ejemplos de ello. Dar un discurso es bastante emocionante, sobre todo cuando se uno se ha preparado para ello, y Toby descubrió que le resultaría fácil preparar las palabras adecuadas para la ocasión. Sin embargo, el miedo escénico seguía siendo su principal preocupación, porque no estaba habituado a hablar delante de tantas personas. De hecho, en la oficina prefería dar órdenes individuales, porque le gustaba trabajar codo con codo con cada uno de sus subordinados y los preparaba cuidadosamente para sus próximas tareas. No obstante, descubrió algunos consejos sutiles tras leer acerca de los mejores métodos para superar el miedo escénico, como mantener contacto ocular de vez en cuando con su audiencia para centrarse en los principales elementos de la comunicación. La información resultó ser de lo más útil, y está claro que leer sobre el tema le llenó de confianza para prepararse para el inminente banquete.

Ver vídeos antiguos de Churchill: Toby acabó pasando toda una noche viendo cintas viejas de Winston Churchill; en particular, dedicó tiempo a observar cómo daba sus discursos. La experiencia le resultó tan fascinante que no pudo pegar ojo en toda la noche, pero disfrutó fijándose en cómo Churchill transmitía sus mensajes en el pasado. Lo observó todo sobre el gran líder y llegó a apreciar la importancia de dominar el lenguaje comunicativo, así como el papel que juega la confianza. Se sintió muchísimo más seguro tras ver los vídeos, y empezó a pensar de forma diferente en cuanto a cómo superar sus problemas para socializar.

Practicar con su esposa: Esto resultó ser muy útil, ya que su esposa pudo darle buenos consejos para cambiar algunas de sus acciones. Interpretando a la perfección el papel de extrovertida, la mujer de Toby le puso bajo presión en distintas situaciones para ayudarle a acostumbrarle al día que estaba a punto de experimentar. Toby pudo así identificar varias de sus debilidades, lo cual fue vital para prepararle a conducirse en el futuro.

Fijarse estas metas de antemano fue una excelente idea por parte de Toby. El día terminó por salirle muy bien, porque la práctica que hizo a lo largo de la semana le permitió socializar con eficacia. Acabó divirtiéndose mucho y cautivando a sus subordinados. Al acabar el día, ya estaba preparado para su nuevo rol y para socializar más con los empleados de la organización. Entender las habilidades sociales requiere marcarse objetivos para que el proceso pueda optimizarse hasta conseguir el éxito.

El ejemplo anterior no nos viene a decir que a los introvertidos les baste con una semana para perfeccionar sus aptitudes sociales. La mayoría de la gente requiere una cantidad variable de tiempo para entender las habilidades básicas necesarias para pasar grandes cantidades de tiempo con extrovertidos. Lo cierto es que los introvertidos siempre ansiarán ante todo pasar tiempo con ellos mismos, pero es igualmente importante hallar un equilibrio perfecto para que también puedan pasar tiempo con quienes les rodean. Perfeccionar las habilidades sociales necesarias para ser "uno más" entre un grupo de personas extrovertidas requerirá tiempo y mucha práctica. La importancia de marcarse objetivos puede marcar una importante diferencia a la hora de dominar las habilidades comunicativas.

Capítulo 5: Analizando a los Demás

Analizar a la gente es un aspecto muy importante si pretendemos dominar nuestras habilidades sociales. El proceso de analizar a los demás le otorgará una mejor perspectiva de sus personalidades, conductas y preferencias. Es importante entender esto tanto en entornos sociales como profesionales, pues le permitirá ajustar sus interacciones a cada persona. A todo el mundo le gusta sentirse especial, así que tratar a cada cual de manera única es un método excelente para conseguir caerles bien, a la par que mejora usted sus aptitudes comunicativas. Existen muchas razones para analizar a la gente:

Para evitar sorpresas: Analizar a los demás le permitirá ahorrarse situaciones comprometedoras, ya que estará usted en mejor posición para entender sus preferencias. No cometerá los errores en que suelen incurrir los que no saben cómo lidiar con ciertos rasgos de personalidad. Por ejemplo, podrá evitar un escenario en el que usted hace un chiste sobre cierta profesión, ¡cuando la persona a la que le acaba de contar el chiste pertenece a esa misma profesión! Analizar a las personas proporciona señales reveladoras acerca de quiénes son, y contaremos con mayor ventaja cuando interactuemos con ellos.

Para juzgar mejor su carácter: Si usted desea interactuar acertadamente con los demás, es importante juzgar bien su carácter para comprender qué clase de conversaciones tendremos con ellos. Por esta razón se debe analizar a la gente, ya que arroja algo de luz en cuanto a sus verdaderas personalidades y motivaciones. Esto le permitirá ser más eficaz al tomar decisiones cuando interactúe con ellos, y sabrá en qué errores debe evitar caer. Juzgar el carácter ajeno es una buena forma de comprender mejor a una persona e interactuar con ella con más acierto.

Para planificar una interacción y evitar errores: Analizar a los demás le dará la oportunidad de prepararse mentalmente para saber cómo comunicarse con ellos y qué decirles. Le proporcionará la ocasión de considerar varios temas de conversación idóneos para mantener el interés de ambas partes, así como de encontrar la mejor forma de presentarse. Así, usted conseguirá evitar momentos embarazosos y errores típicos asociados con la etiqueta social. Analizar con antelación a los demás asegurará que sus interacciones sean un éxito total.

Para entender mejor el contexto de la interacción: El proceso de analizar a los demás dentro de un contexto concreto le permitirá entender mejor la interacción en cuestión y saber cómo comportarse en ella, ya que le dará información sobre el tipo de personas con las que está usted reunido. Conseguirá entender mejor el carácter general de su público, lo que le permitirá comportarse de una manera específica y alcanzar una mayor comprensión de sus aptitudes sociales.

Es posible analizar a los demás de varias formas. A continuación, presentamos una guía general para saber cómo conseguirlo:

Preste atención a la postura: Advertir cómo se posicionan los demás es una de las técnicas de análisis más sutiles que hay. Distintas posturas corporales indican diversos estados de ánimo que la persona en concreto está experimentando, y esto será útil para saber cómo abordar a esa persona y qué temas de conversación son más indicados. Una postura corporal encorvada es un indicador de tristeza, con lo que será inapropiado tratar de conversar con ellos acerca de un futuro funeral.

Observe su aspecto: La apariencia inmediata de una persona dice mucho sobre quién es y qué le gusta. Un aspecto positivo, de persona bien vestida, así como una postura generalmente feliz indica que dicha persona está de buen humor y probablemente se encuentre dispuesta a conversar. El aspecto de las personas es una de las formas más directas de comunicación, y en el momento de dirigirse a una multitud, puede dictar qué tipo de persona es y qué intenciones tiene. Un aspecto pobre desincentiva la interacción, y, por lo tanto, puede indicar que esa persona no es la mejor compañera de charla. Se pueden tomar decisiones sociales importantes según la forma en que vista la persona.

Lenguaje corporal: Este punto describe los movimientos generales del cuerpo de un individuo, y puede jugar un papel importante al decidir cómo relacionarse con ellos. Por ejemplo, cruzarse de brazos y piernas al sentarse puede indicar que la persona está en un estado de ánimo serio y que no está de humor para bromas. Morderse los labios puede sugerir que alguien está nervioso o agitado, mientras que la forma en que alguien inclina su cuerpo puede ser un indicador de qué otras personas le gustan y qué personas preferiría evitar. Ocultar las manos es otra pista sutil del lenguaje corporal que nos habla acerca de una naturaleza hermética.

Expresiones faciales: También son un aspecto importante a la hora de analizar a los demás en un entorno social. Tensar la mandíbula o apretar los dientes son indicadores de que alguien no está relajado, con lo que se debería tener cuidado al interactuar con ellos. Una sonrisa de oreja a oreja nos muestra que alguien está contento, y por tanto no le hará ascos a que hablemos con él o ella. Alguien que frunce los labios está expresando acritud o incluso ira, y lo mismo ocurre cuando se frunce el entrecejo, lo cual indica descontento o estrés. Por tanto, entender estas expresiones faciales es fundamental para analizar a la gente, y constituye un excelente punto de partida para dominar las habilidades sociales.

El tono de voz e incluso la risa: Una voz o carcajada en tono bajo indica que la persona está relajada y despreocupada. Lo mejor será ofrecer temas sencillos de conversación y hablar poco a poco con esa persona en un entorno social. Sin embargo, hablar o reírse en un tono elevado puede evidenciar algo más que una sola emoción: las personas nerviosas o enfadadas tienden a hablar con un tono más alto, aunque ese mismo tono también puede poner de manifiesto que se encuentran de muy buen humor.

Preste más atención a cómo estrechan la mano: Un simple apretón de manos puede ser la base para analizar a alguien, porque dice mucho sobre su estado mental y su humor actual. Basándose en cómo alguien estrecha la mano, es posible deducir si estará dispuesto o no a hablar más con nosotros. Los apretones agresivos pueden revelar una personalidad fuerte e impetuosa, característica propia de los extrovertidos. Podría bastar con intercambiar unas pocas palabras con esa persona y luego pasar a otra cosa, ya que interactuar con ellos podría ser algo cansino. Sin embargo, un apretón más suave puede indicar que será más fácil hablar con esa persona en un ambiente social.

Observe sus ojos: Se puede aprender mucho sobre alguien con tan solo observar sus ojos y fijarse en cómo observan a los demás. Si sus ojos no paran de moverse de un lado a otro, quizá signifique que hablamos con una persona nerviosa que probablemente sea también introvertida y no se sienta cómoda en el lugar en que está. Alguien que mantiene una expresión facial fija, con los ojos anclados en un solo lugar, aunque esté en soledad, puede revelar que siente tristeza o que está relajado.

Confíe en su intuición: Debería usted analizar cada situación observando a todo el mundo y recordando los aspectos de la destreza social que ya ha dominado. Escuche a sus corazonadas antes de tomar una decisión, porque es sorprendente el papel que juega la intuición en el proceso de tomar decisiones. Tener confianza en usted mismo le permitirá analizar a los demás sin poner demasiado esfuerzo, lo que será una ventaja importante al interactuar con ellos. También le permitirá desarrollar un gran dominio del análisis de personalidad, así como entender las actitudes ajenas antes incluso de interactuar con los demás.

Para analizar a los demás y mejorar nuestras dotes sociales, hay muchos factores a tener en cuenta:

Mejora la comunicación: Un beneficio crucial de saber analizar a los demás es que mejora la eficacia del proceso comunicativo. Es más fácil tomar decisiones cuando contamos con conocimientos sobre la naturaleza y la conducta de la gente. La comunicación se vuelve más sencilla, porque podemos identificar cuál es la mejor forma de transmitir un mensaje a otras personas de la manera más adecuada. Analizar a la gente nos da la ventaja de poder hablarles con comodidad.

Reduce la probabilidad de ofender a los demás: Entender cómo la gente se comporta e interactúa entre sí elimina las posibilidades de ofenderles al comunicarnos con ellos. Por ejemplo, si se dirige usted a un grupo de profesionales de la salud, quizá no sea apropiado empezar hablando de cómo la sanidad ha empeorado con los años, puesto que estas personas se consideran profesionales cualificados. Analizar con antelación a los demás cuenta con la ventaja de ayudarnos a evitar esas pequeñas ofensas y colocarnos en mejor posición para tomar decisiones basándonos en lo que ya sabemos. De este modo, se hace más fácil interactuar con los demás.

Brinda una oportunidad para hacer amigos: Como resultado de analizar a las personas, es posible entender sus personalidades y facilita la posibilidad de hacer nuevos amigos. Tras analizarlas, aprenderemos información básica sobre ellas y, tras pasar un rato en su compañía, nos dará cierta ventaja a la hora de emitir juicios sobre sus rasgos de personalidad. Usted será capaz de obtener información sobre los demás antes siquiera de interactuar con ellos, y esto tal vez le revele si de verdad le interesa trabar amistad con ellos y conocerlos más.

Permite una interacción eficaz con los demás: Analizar a la gente hará que sea menos posible cometer errores cuando interactuemos con ellos, ya que comprenderemos mejor sus preferencias. Será mucho más fácil estar en un entorno social en el que se interactúa con gente de personalidades muy variadas, y nos permitirá mostrar nuestras habilidades comunicativas con algunas de esas personas. Dominar sus aptitudes sociales depende de su habilidad para entender a las personas que le rodean, porque dichas personas forman la sociedad en la que usted vive. Como resultado, el proceso de socialización se vuelve mucho más fácil, y se sentirá gradualmente menos nervioso en compañía.

Capítulo 6: Lenguaje Corporal

El lenguaje corporal es un término que describe la comunicación que alguien ejerce con alguna parte de su cuerpo para indicar su estado emocional, así como para señalar o desestimar algo. Esta es una de las formas más antiguas de comunicación y sigue siendo un aspecto importante a la hora de adquirir habilidades sociales, porque ayuda a analizar a los demás. El lenguaje corporal es una forma sutil de comunicación: es difícil malinterpretar lo que se comunica a otro individuo o grupo. La claridad en el lenguaje corporal es una forma segura de entender a los demás, porque la forma en que se comunican con su cuerpo revela muchísimo acerca de ellos.

Para dominar sus habilidades sociales, es importante que usted sepa leer su lenguaje corporal: ahí radicará la base de sus interacciones con otras personas. Lo que sus cuerpos comuniquen le proporcionará mucha información para tomar decisiones según sus personalidades y conductas. Entender por completo a todas y cada una de las personas que nos rodean es tal vez imposible, porque requeriría una gran cantidad de tiempo. Sin embargo, será más fácil interactuar con alguien si entiende usted los aspectos básicos de su personalidad, porque así sabrá de qué hablar con esa persona y evitar aquellas cosas que puedan ofenderla.

Otra ventaja que confiere la comprensión del lenguaje corporal es que le permite a uno ser eficaz en sus interacciones, al contar con un entendimiento básico de los demás. El lenguaje corporal es una clase de comunicación no verbal que, si se comprende, hace que sea muy sencillo relacionarse con la gente. No hay por qué molestarse en interactuar con alguien que lleva toda la tarde desprendiendo vibraciones negativas: es mejor hablar con quien se ha pasado toda la noche bailando en la pista de baile, pues seguramente será alguien enérgico y dispuesto a entablar una buena conversación.

Hay muchas formas importantes del lenguaje corporal que deben entenderse para saber cómo aplicarlas en situaciones sociales básicas. Las siguientes técnicas de lenguaje corporal son formas sencillas con que la gente se expresa, ya sea consciente o inconscientemente. Constituyen la base a la hora de entender el carácter y el estado mental de una persona en una situación concreta, lo que llevará a interactuar con ella con más facilidad. Toda forma de lenguaje corporal es un intento de comunicación por parte de alguien, y es importante entender esto en cuanto a la comprensión de las habilidades sociales:

Sostener la cabeza entre las manos: Cuando se encuentre con alguien con esta postura, sepa que su lenguaje corporal indica fácilmente una opción: tristeza. Alguien que se sostiene literalmente el rostro entre las manos muestra un gran nivel de pesar, y quizá lo mejor sea consolarlo o dejarlo estar. Se trata de una comunicación corporal muy obvia, y no deja mucho espacio a la imaginación porque la tristeza de esa persona es evidente. Puede que no sea una buena idea bromear en esta situación, sino más bien ajustarse a su sombrío estado de ánimo.

Frotarse la nariz: Si alguien se frota constantemente la nariz, quizá esté excitado o sepa algo que usted no sabe. Por ejemplo, si conversa con alguien que muestra este lenguaje corporal de forma continua, puede que esa persona esté agitada por saber algo que usted ignora. Tal vez sea útil hablar más con esa persona para averiguar qué sabe, y no menos importante es mantener el respeto. Estar atento a expresiones corporales como esta ayuda a entender las intenciones de cada cual, sobre todo en un contexto social, y es un paso importante para dominar las aptitudes sociales.

Moverse nerviosamente: Si alguien no para de moverse nerviosamente, es muy probable que esté nervioso por algo y no quiera hablar del tema. Es importante tomar nota de estas expresiones, ya que ayudan a entender en qué piensan los demás y allana el terreno para la posterior interacción. Las personas inquietas hablan con nerviosismo incluso cuando están relajadas, lo que hace difícil entenderlas. Por lo tanto, el mejor enfoque es dejarlas estar, y si tiene que hablar con ellas, tenga en mente que están nerviosas.

Mantener las distancias: Esta es otra forma importante del lenguaje corporal que indica nuestro agrado o disgusto por alguien. Cuando alguien se mantiene muy cerca de otra persona o grupo de personas, está indicando que se siente a gusto con ellas. Es probable que sean buenos amigos: la gente siempre se mantiene físicamente cerca de aquellos en quienes confían. Sin embargo, alejarse de la gente podría indicar una sensación de desconfianza, y si se topa con una situación así, podría estar entrando en un escenario tenso. Por lo tanto, la forma en que la gente se coloca en un evento social revela mucho sobre su personalidad.

Juntar los tobillos: Cuando alguien junta sus tobillos, está indicando que preferiría que no le molestaran o que tiene información que no está dispuesto a compartir. Al igual que el propio gesto, juntar los tobillos señala el retraimiento de alguien que no está interesado en interactuar. Lo mejor sería limitar su interacción con esa persona, porque no se está mostrando receptiva. Aun así, si debe usted interactuar con ella, procure ser breve, porque esa persona solo querrá hablar si se trata de una cuestión de máxima importancia.

Inquietud: La inquietud general hablar por sí misma, ya que indica lo cómoda que se encuentra una persona. Alguien que no para de dar vueltas y no es capaz de quedarse en el mismo sitio está indicando su nerviosismo o estado de agitación. Es probable que esa persona esté experimentando emociones a flor de piel, así que se deberían minimizar las interacciones con ella, ya que quizá no sea posible relacionarse exitosamente con ella. Leer señales como esta le permitirá saber con exactitud a qué clase de persona se está usted dirigiendo, recordando siempre que la inquietud revela una alta carga emocional en los demás.

Estar activo: Un lenguaje corporal activo pone de manifiesto que alguien está dispuesto a participar en una actividad. Puede que sea la persona adecuada con la que relacionarse. Las personas activas bailan, hablan con varias personas y por lo general intentan mantenerse abiertas en encuentros sociales. Estas personas estarán seguramente de buen humor y debería ser fácil aproximarse a ellas, ya que están en un estado anímico abierto a la interacción. Será interesante poner a prueba sus habilidades sociales con alguien que muestre rasgos como estos, dado que estará receptivo y abierto a interactuar con casi cualquiera.

Cruzar los brazos sobre el pecho: Esto nos indica que alguien está serio y preferiría dejarse de chistes y mantener una conversación constructiva. Esta postura corporal nos remite directamente a los padres que se enfadan por algo que ha hecho su hijo y le obligan a responder por ello. Generalmente, hablar con los que muestren este gesto implicará una conversación seria que pondrá a prueba nuestra pericia social. Es importante conservar la calma y la paciencia; de lo contrario, despertaremos represalias por su parte. Entender el mejor enfoque a la hora de hablar con estas personas resultará tremendamente útil en nuestra cruzada personal por dominar la destreza social.

Tamborilear con los dedos: Si alguien muestra este lenguaje corporal, probablemente esté nervioso y prefiera mantener las interacciones al mínimo. Tamborilear con los dedos indica que esa persona tiene muchas cosas en la cabeza, y a no ser que sea usted una persona de su confianza, no estará dispuesta a divulgar lo que sabe. Si su cita no deja de repiquetear con los dedos, tal vez quiera usted indagar un poco más. Las citas románticas pueden ponernos de lo más nerviosos, y hablar sobre ello con alguien del sexo opuesto podría relajar un poco el ambiente.

Morderse las uñas: Otro signo de nerviosismo es el que se produce cuando alguien se lleva los dedos a la boca constantemente. Puede parecer que mucha gente se muerde las uñas para distraerse de sus pensamientos, cuando en realidad piensan más en ellos cuando se las muerden. Este es un ejemplo clásico de lenguaje corporal. Quizá lo más sensato sea abordar a esa persona con cautela, a no ser que sepa usted qué es lo que la está poniendo nerviosa. Interactuar con personas así implica una conversación amable y en voz baja, pero es muy probable que no dure mucho, a no ser que se muestren dispuestas a compartir qué es lo que les causa preocupación.

Frotarse las manos: Esta expresión corporal muestra ilusión y emoción ante algo inminente. Si alguien se frota continuamente las manos, quizá sea porque tiene algo interesante que decir, ante lo cual muestra abiertamente su ilusión. Es interesante interactuar con estas personas, porque están escondiendo los aspectos principales de su mensaje a la par que hablan emocionadamente. Estas interacciones requieren mucha experiencia con habilidades sociales, porque requerirán que usted analice a esa persona y determine si está siendo sincera o no. Este es el punto de partida en la mayoría de decisiones que tomamos al hacer nuevos amigos.

Ladear la cabeza: Esto indica que alguien está aburrido o triste, y por lo tanto merece una aproximación distinta cuando interactuemos con él o ella. Alguien que esté aburrido se decantará seguramente por ladear la cabeza y mirar distraídamente al vacío, tal vez sumido en sus pensamientos. No hablará mucho, y puede que iniciar una conversación no cambie gran cosa, porque no estará dispuesto a tenerla. Las personas también ladean la cabeza cuando están tristes, y no tendrán mucho que decir porque alguna aflicción las está consumiendo en ese momento.

Juntar las puntas de los dedos: Algunas personas juntan únicamente los dedos índices, mientras que otras lo hacen con todos los dedos. En cualquier caso, es una expresión de poder e inteligencia por parte de la persona que realiza el gesto. Juntar los dedos muestra cierto nivel de superioridad, y tal vez sea útil conocer bien a esa persona antes de interactuar con ella. Quienes ejecutan esta clase de lenguaje corporal suelen tener algo que decir, y, por lo tanto, hablar menos y escuchar más podría ser el mejor enfoque en esta interacción. Alguien con esta personalidad tendrá mucho que enseñarle en materia de interacción social, y ello le permitirá dominar los fundamentos de las habilidades comunicativas.

No siempre se obtiene el mejor resultado posible al analizar a los demás, porque algunas personas no son totalmente francas con su lenguaje corporal. No obstante, incluso los psicólogos más experimentados saben cuándo alguien está mintiendo, con lo cual todos podemos saberlo si nos esforzamos en ello. Lo cierto es que saber cómo analizar a diferentes personas es fundamental para dominar las habilidades sociales, y constituye la base para conseguir interactuar mejor. Las pistas del lenguaje corporal son el método más común para "leer" a la gente, ya que nos permite echar mano de nuestra intuición.

Capítulo 7: Cómo Leer Expresiones Faciales

Leer rostros es un intrigante método para analizar a los demás, porque se centra exclusivamente en las expresiones que aparecen en la faz. En varias ocasiones, los psicólogos han conseguido determinar rasgos de personalidad con tan solo leer rostros, y en base a ello, a veces han logrado establecer diagnósticos para problemas de conducto. El concepto de la lectura facial no es nuevo, y forma una parte esencial de la comprensión de las habilidades sociales básicas. Aprender a interpretar las expresiones faciales es crucial para saber cómo interactuar con los demás.

La lectura facial puede ser muy complicada, razón por la cual es quizá una práctica no demasiado común. Los psicólogos insisten en que, debido al entrenamiento que han recibido, solo los "profesionales" pueden leer expresiones faciales con éxito. Puede que no les falte razón, porque existen cinco defectos comúnmente asociados con la lectura facial que conviene saber antes de intentar aplicarla. Entender dichos defectos le ayudará a juzgar mejor a los demás únicamente a partir de sus expresiones faciales, y le permitirá dominar las habilidades sociales más importantes:

Una expresión podría significar dos cosas distintas: Es muy posible malinterpretar una expresión facial, ya que puede significar dos cosas diferentes a la vez. Un guiño podría ser el gesto de un posible amante que desea conversar en ese momento. Ese mismo gesto podría estar pidiéndole que se vaya, y probablemente irá acompañado por una negación con la cabeza. Esta confusión ha provocado que mucha gente confunda el significado específico de una expresión facial, lo que puede conducir a situaciones incómodas.

Interpretaciones totalmente erróneas: A veces, las personas optan por adoptar expresiones faciales que muestran lo contrario de lo que realmente significan, aunque dicha expresión tenga más de un significado. Si alguien agita la cabeza, uno podría pensar que esa persona está contenta, cuando en realidad podría ser al revés. Estos errores son habituales y pueden ser un obstáculo para la socialización, ya que generan momentos tensos. Es necesario ser paciente y observar bien antes de dar por sentadas sus expresiones, porque las malinterpretaciones marcarán la diferencia entre una interacción exitosa y una fallida.

Temperaturas extremas: A veces juzgamos precipitadamente con tan solo mirar a una persona y extraer de inmediato una conclusión. Por gracioso que suene, las temperaturas extremas afectan a las expresiones faciales, y si usted emite un juicio demasiado rápido, no entenderá lo que realmente sienten. Cuando hace demasiado frío o calor, los demás pueden interpretar fácilmente la expresión que está usted mostrando como un gesto de desagrado, lo que puede dar lugar a escenarios incómodos. A veces sucede lo contrario y podemos llegar a asumir que la persona en cuestión está contenta. En cualquier caso, es necesario ser conscientes de esta posible trampa antes de analizar a alguien.

Fingir una expresión facial para confundir a alguien: Esta es también una práctica habitual entre los que tienen algo que ocultar. Algunas personas muestran expresiones faciales falsas para ahorrarse discusiones sobre lo decepcionadas o contentas que están. A veces fingen estar de buen humor, pero cuando hablamos con ellas, nos damos cuenta de que están tristes e incluso se muestran sarcásticas al respecto. Otras, es posible que muestren una expresión triste cuando en realidad están muy felices, pero no quieren hablar del tema.

Poca familiaridad con ciertas expresiones: Algunas personas sencillamente no entienden algunas expresiones faciales. Esta puede ser una importante desventaja, porque imposibilitará la labor de entender a otros: la posibilidad de ofender a alguien por no haber entendido bien su expresión facial puede ser desastrosa en una interacción. Cuando la expresión realizada es entendible, suele resultar más fácil; pero en caso contrario, es muy posible perderse en una interacción social. Como consecuencia, es posible que alguien le esté diciendo algo alto y claro sin que usted siquiera se dé cuenta.

Esta es una lista de expresiones faciales que conviene conocer, dado que ayudan a la hora de dominar las aptitudes sociales:

Acariciarse el mentón: Esta es una expresión facial bastante obvia e indica que la persona está reflexionando y quizá lo mejor sea no interrumpirla. En un ambiente social, es aconsejable ser cortés con esa persona. Dirigirse a ella tranquila y educadamente será la mejor forma de interactuar, y asegúrese de minimizar la cháchara superficial al hacerlo.

Labios fruncidos: Una expresión facial típica de quienes están experimentando emociones amargas o incluso ira. Lo ideal será aproximarse a esa persona con cautela, pues sus emociones podrían implosionar en cualquier momento. Por ejemplo, si en un evento social vemos que alguien está sentado a solas con los labios fruncidos, podría ser buena idea dejarle en paz si no tenemos ni idea de qué decirle. Sin embargo, si se siente usted animado a consolarle, quizá encuentre una forma de interactuar con ese individuo; dependerá de usted mejorar su estado de ánimo y hacerle sonreír.

Asentir: Si alguien asiente regularmente al hablar con usted, puede que esa persona esté contenta o se encuentre de un humor complaciente. Este gesto indica conformidad con el mensaje transmitido, y también muestra que aprueban su compañía, ya que la persona se está expresando abiertamente. El gesto de asentir con la cabeza suele ir acompañado por una sonrisa, así como de otras formas de lenguaje corporal que indican aceptación. Es fácil interactuar con estas personas, porque se muestran abiertamente receptivas y probablemente será fácil conversar con ellas.

Sonreír con 'patas de gallo': Esta es una gran sonrisa que a veces se asienta por mucho rato en el rostro si la persona está de buen humor. Recibe ese nombre por las líneas que forma en torno a los ojos y que tanto se parecen a las infames patas de un gallo. Esta expresión facial es propia de las personas que se muestren abiertas y de buen humor, y debería ser fácil interactuar con ellas. Una expresión facial feliz invita a la conversación y a las interacciones animadas, y es un rasgo positivo de personalidad que los introvertidos siempre buscan para encontrar posibles amigos en reuniones sociales.

Chasquear o relamerse lo labios: Este gesto suele indicar apreciación o deleite por lo que está ocurriendo. Relamerse los labios muestra un evidente reconocimiento ante algo que a esa persona le ha gustado y le pone de buen humor. Si en una fiesta nos sirven comida exquisita, seguramente más de uno se relamerá los labios mientras espera impacientemente el apetitoso bocado. Lo mismo ocurre cuando alguien ve a una persona muy atractiva: chasquearán los labios como muestra de apreciación de su belleza, lo cual es una expresión facial positiva. Cuando observe a alguien en este estado será bastante sencillo interactuar con él.

Fruncir el ceño: Esta expresión facial sugiere que alguien está descontento o bien sumido en sus pensamientos. Las líneas arrugadas en el entrecejo aparecen con claridad y sugieren un aspecto negativo. Se debe interactuar brevemente con esa persona, porque quizá no quiera conversar por mucho tiempo. Es necesario observar bien esta expresión, ya que así reduciremos las probabilidades de ofender a esa persona al interactuar con ella. Si ve a alguien con el ceño fruncido, no espere que la conversación sea demasiado alegre.

Apretar la mandíbula o los dientes: Alguien que aprieta los dientes estará posiblemente nervioso, enfadado o inquieto. Esta suele ser una señal de frustración, y cuando una persona aprieta los dientes o tensa la mandíbula, suele estar buscando una forma de lidiar con su problema. A juzgar por su expresión facial, puede que no quieran hablar demasiado, con lo que será necesario reducir las interacciones al mínimo.

Guiñar el ojo: Si alguien le dedica un guiño, tal vez esté intentando expresar que usted le cae bien y que está interesado en conversar. Sin embargo, el guiño es una expresión facial muy diversa, y a veces se usa para indicar una dirección o simplemente llamar nuestra atención. Cuando alguien del sexo opuesto le guiña un ojo, es bastante obvio qué intenciones tiene; no obstante, cuando quien lo guiña es un amigo, puede que solo estén intentando captar su atención o hacerle una señal. En cualquier caso, esta es una expresión facial importante que todo el mundo entiende y que facilita la interacción entre personas.

Negar con la cabeza: Este es un gesto revelador con el que la gente indica que no está contenta o que desaprueba algo. Si está usted en un evento social y observa que alguien niega constante y firmemente con la cabeza, puede que no acepten lo que se les está diciendo. Negar con la cabeza es una indicación segura de estar en desacuerdo, y puede prevenir fácilmente futuras interacciones. También es posible que alguien esté lamentando alguna pérdida al mostrar este gesto. Con estas personas, se debe interactuar con consideración, porque puede que no estén de muy buen humor.

Capítulo 8: Los Cuatro Tipos de Personalidad

Los cuatro tipos de personalidad que se usan habitualmente para distinguir los diferentes temperamentos de la gente son: colérico, optimista, flemático y melancólico. Hipócrates fue de los primeros en describir estas cuatro categorías como rasgos y conductas de personalidad afectadas por cuatro fluidos corporales distintos. Los antiguos griegos definieron estos tipos de personalidad como temperamentos, y los usaron para distinguir a las personas según su personalidad y sus rasgos. En el mundo moderno, se han usado estos cuatro tipos de personalidad para categorizar a la gente en consecuencia.

Galeno fue otro importante filósofo que se encargó de relacionar los tipos de personalidad con las condiciones físicas del mundo. Según Galeno, los cuatro tipos se podían vincular a situaciones de frío/calor o aridez/humedad. Estas condiciones terráqueas se asociaron al temperamento de cada persona y se usaron como base para definir los tipos de personalidad. El humor corporal jugó un papel decisivo a la hora de determinar los cuatro tipos de personalidad, y quedó rápidamente asociado a todo el mundo. La ciencia médica ha progresado desde entonces, y, a día de hoy, los psicólogos utilizan los rasgos de personalidad con gran eficacia para comprender a cada persona y proporcionar un diagnóstico adecuado.

Los distintos aspectos de nuestra personalidad se encargan de determinar cada uno de los cuatro temperamentos. Sin embargo, es habitual que alguien muestre más de un rasgo de personalidad según su estado de ánimo o el tipo de actividad en que esté envuelto. No existe una combinación estándar para ninguno de los rasgos de personalidad, ya que es imposible concretar con exactitud el temperamento de una persona. Al asociar cada rasgo con un elemento del mundo, entender qué motiva cada rasgo, así como la verdadera personalidad de alguien, se vuelve más fácil:

Colérico

La personalidad colérica describe a una persona resuelta e independiente que está decidida a conseguir objetivos específicos. Estas personas suelen ser extrovertidas y disfrutan interactuando con los demás, ya que este es un aspecto importante de su forma de socializar. Acostumbran a ser líderes dado que se marcan metas constantemente, y también tienden a ser abiertas y nada tímidas. Este rasgo de personalidad puede asociarse a líderes temerarios que siempre se colocan en el centro de atención y buscan la forma de guiar a todos los demás.

Una de las características más importantes de este tipo de personalidad es que se atribuye a personas de naturaleza generalmente abierta y ambiciosa. Dichas personas siempre buscan la forma de descubrir y liderar con su ejemplo, y es difícil no advertir su presencia en sociedad, porque se esfuerzan por ser vistos. En cuanto a los elementos del mundo, esta personalidad se asocia al fuego, lo cual representa su habilidad para gobernar a los demás. Quienes poseen este rasgo de personalidad también gustan de formar opiniones realistas sobre el mundo, y expresan sus puntos de vista con mucha franqueza.

Un buen ejemplo de personalidad colérica sería un líder como Donald Trump, quien disfruta estando a la cabeza de cualquier grupo social y profesional en el que participe. Como persona muy fijada en sus objetivos, persigue con brío sus intereses a la par que enfatiza sus habilidades de liderazgo y la necesidad de que todos le apoyen. Trump es un líder colérico, porque también contempla el mundo desde un enfoque pragmático y no es fácil convencerle de lo contrario. Su personalidad también caracteriza su firmeza y su ambición, lo que le ha hecho ser conocido en todo su país.

Optimista

La personalidad optimista se describe como active, social y entusiasta. Es fácil hablar con individuos de este tipo de personalidad porque disfrutan haciéndolo, y nunca les satisface estar parados sin hacer nada. Es bastante difícil encontrar a un individuo optimista sentado sin nada que hacer: siempre están de aquí para allá. El alborotador de la clase seguramente sería alguien optimista, dado que casi nunca estaba relajado ni pasaba tiempo a solas. Los optimistas disfrutan mucho interactuando con los demás y pueden ser 'el alma de la fiesta', porque su entusiasmo puede llegar a ser contagioso.

La naturaleza conversadora de estas personas es una característica importante que distingue la personalidad optimista. Disfrutan en medio de una gran multitud, dado que son personas sociables con las que es fácil hablar e interactuar. Las personalidades optimistas suelen ser carismáticas, lo cual explica por qué a muchas personas les gusta este tipo de personalidad en concreto. De igual modo, esta personalidad describe también a un extrovertido que prefiere estar en un evento social antes que solo en casa. El elemento terráqueo vinculado a esta personalidad es el aire, que representa la utilidad social de la persona.

Un ejemplo de personaje al que podríamos asociar con este rasgo de personalidad sería un famoso como Justin Bieber. Las personas como él disfrutan en compañía de los demás, y a veces incluso son temerarios cuando están con amigos. Estos individuos disfrutan las actividades de riesgo y puede que se lancen a ellas antes incluso de tener tiempo para pensárselo. En fiestas, también les gusta bailar y cantar, así como charlar con todos y conocer a cada una de las personas que asisten al evento.

Flemático

Este tipo de personalidad difiere mucho de los dos anteriores, ya que describe a alguien relajado, pacífico y tranquilo. Estas personas son más sosegadas y prefieren estar solas antes que pasar el rato en un lugar ruidoso y lleno de gente. Los individuos flemáticos suelen ser de trato fácil, y tal vez sea interesante interactuar con ellos, dado que la comunicación será muy tranquila y relajada. Estas personas prefieren mantenerse al margen de los problemas, y se las conoce por generalizar sus pensamientos y opiniones en la mayoría de las cuestiones.

Una de las características más importantes de los individuos que poseen rasgos flemáticos de personalidad es que suelen ocultar sus emociones y reservárselas para sí mismos. Es difícil saber qué ronda por la cabeza de una persona flemática, porque no hablan demasiado y prefieren esconder sus sentimientos. Sin embargo, son individuos comprensivos que muestran características típicas de los introvertidos, y a los que se les conoce por llegar a acuerdos con frecuencia. El elemento asociado con esta personalidad es el agua, que describe a una persona que acostumbra a lograr lo que quiere de forma discreta.

Un buen ejemplo de persona que podría mostrar este rasgo sería un profesor de primaria. La mayoría de estos individuos tienden a ser comprensivos y cordiales, sobre todo cuando son jóvenes, y dedican mucho a tiempo a ayudar a sus estudiantes a ser mejores personas. A veces los profesores no hablan mucho, y cuando lo hacen, es porque es absolutamente necesario en cierta situación. Un profesor de colegio suele estar dispuesto a relacionarse con sus estudiantes, pero solo hasta el punto en que puedan ayudarles cuando sea necesario. No son demasiado extrovertidos, pero sí receptivos y abiertos a la interacción, sobre todo con los alumnos.

Melancólico

La gente que piensa en profundidad y siente con intensidad muestra una personalidad melancólica. Son más reservados incluso que los individuos flemáticos, y suelen pasar mucho tiempo a solas, perdidos en su pequeño mundo particular. Poseen cerebros muy activos y se les conoce por ser muy creativos debido al tiempo que dedican a pensar. Las personas con este tipo de personalidad son muy analíticas y se lo toman todo con la seriedad que merece: les gustan los detalles, y seguramente entenderán todos los pormenores de las cosas que les rodean.

La autosuficiencia y la cautela son características importantes que hacen que este tipo de personalidad sea único comparado con el resto de la población. No suele ser fácil detectar a un melancólico, porque suelen evitar destacar entre el gentío, incluso si ello supone mezclarse con los demás de forma extraña. Como ejemplos clásicos de la personalidad introvertida, los melancólicos suelen aspirar a la perfección, lo que suele producir individuos muy organizados. El elemento que representa este rasgo es la tierra, y caracteriza a alguien que procura no interactuar demasiado con el resto del grupo.

Los escritores, como Stephen King, suelen representar buenos ejemplos de personas con este rasgo de personalidad. Acostumbran a ser pensadores; pasan mucho tiempo consigo mismos y organizan de forma constante sus pensamientos para descubrir cosas nuevas. Stephen King es una persona muy reservada y disfruta estando a solas, ya que eso le confiere la oportunidad de pensar en nuevas ideas para libros. Es menos probable que a Stephen King le guste asistir a fiestas tanto como disfruta siendo ordenado y minucioso, pues eso es lo que su profesión le exige.

Entender los distintos tipos de personalidad es crucial para asegurar que dominamos la destreza social necesaria para relacionarnos con todo el mundo. Es más fácil analizar a la gente en base su lenguaje corporal y sus expresiones faciales toda vez que se han comprendido los distintos tipos de personalidad al detalle. Además, seremos capaces de hacer juicios acertados sobre el carácter y las preferencias de los demás, lo que reducirá las posibilidades de equivocarnos cuando al interactuar con ellos. Un aspecto clave de desarrollar nuestras habilidades sociales es saber diferenciar un tipo de personalidad de otro, ya que así podremos entender cómo interactuar mejor con cada persona.

Capítulo 9: Cómo Detectar a un Mentiroso

Durante el proceso de interacción social, es posible que nos encontremos con mentirosos que intenten frustrar nuestro entendimiento. No es infrecuente toparse con gente así en un evento social, y también existen mentirosos en los entornos profesionales. Lo más importante para usted es entender cuándo un mentiroso está actuando; así evitará que le confundan embarazosamente cuando interactúe con los demás. La verdad siempre es importante, sobre todo cuando se debe tomar una decisión. Con lo cual, es extremadamente importante saber cómo detectar a un mentiroso.

Las personas que ya han dominado sus aptitudes sociales saben cómo distinguir a un mentiroso a partir de algunas señales reveladoras. Los mentirosos se comportan de una manera específica que es posible discernir según su lenguaje corporal y sus expresiones faciales. Otros factores, como el tono de su voz y la forma en que interactúan con los demás, también son señales indicativas de que alguien miente, y es conveniente detectarlas para que no nos confundan. Los psicólogos han desarrollado diversos métodos para detectar a los mentirosos en situaciones sociales. Los siguientes métodos son útiles para asegurar que mantenemos a estos individuos a raya:

Mirar sin parpadear: Si usted quiere desempeñar sus dotes sociales con maestría, es importante distinguir a la persona sincera de la mentirosa. La mayoría de las personas que mienten no parpadean cuando nos miran fijamente, ya que intentan parecer tan convincentes como sea posible. Le mirarán a usted de manera fría y prolongada en un intento por hacerle creer que están diciendo la verdad. En realidad, esta clase de mirada está siendo forzada para que usted crea que están hablando en serio. Mantendrán esa postura tanto tiempo como puedan si da la impresión de que usted se está creyendo su historia.

Mantener las manos fuera de vista: Un rasgo común entre mentirosos es que tienden a apartar las manos de su vista mientras intentan decirle algo. Los psicólogos atribuyen este comportamiento al hecho de que, cuando intentamos ocultar algo, en ocasiones tendemos a mostrarlo a través de nuestro lenguaje corporal. Lo cierto es que los mentirosos le dirán una cosa cuando, en realidad, están ocultando lo contrario. Detectar a este tipo de mentiroso requerirá por nuestra parte una cierta comprensión de las expresiones básicas del lenguaje corporal.

Repetición: Este es otro rasgo interesante de los que mienten, porque pueden incurrir en él tanto consciente como inconscientemente. Los mentirosos repiten constantemente sus mentiras, porque si la dicen una y otra vez, es probable que acaben sonando ciertas. Confían en poder familiarizarnos con sus mentiras hasta que se vuelvan "normales" para nosotros. También pueden repetir algo inconscientemente al relatar una mentira larga y compleja, lo que los deja expuestos en una situación social. La repetición constante indica que la persona está nerviosa y que le está costando tergiversar su narrativa para que suene tan real como sea posible.

Hacer pausas largas: Si descubre que le está resultando difícil mantener una conversación porque la otra persona hace pausas constantes, es muy probable que estén invirtiendo gran parte del tiempo en mentirle. Los mentirosos suelen pausarse durante períodos largos para preparar lo que van a decir. En estas situaciones, cada afirmación que hacen está hecha a la medida para la ocasión; de este modo, esconden la verdad y nos convencen de algo distinto. Las pausas largas son preocupantes, y dejan al interlocutor con dudas, porque se vuelve casi imposible mantener una conversación. Las interrupciones ocasionales en las que el mentiroso se para a pensar o finge estar despistado son indicadores de una personalidad engañosa. Hay que observar bien a esa persona, porque es muy probable que gran parte de lo que está diciendo se aleje de la realidad. Una persona sincera tratará de mantener la conversación sin hacer pausas frecuentes, porque no tendrá demasiado en lo que pensar: tan solo hablará con la mente abierta.

Hablar demasiado: Alguien que habla demasiado rápido como para darle tiempo para participar en la conversación quizá esté mintiendo. Revelar demasiada información en una conversación sencilla puede revelar una personalidad mentirosa. Es necesario andarse con cuidado con esa persona, pues tratará de bombardearle con demasiada información para impedir que usted pueda pensar en otra cosa. El peligro de esto radica en que pueden transformar afirmaciones simples en palabras creíbles cuando, en realidad, son todo lo contrario. Tenga cuidado con alguien que hable demasiado, porque podría no haber demasiada sinceridad en lo que está diciendo.

Frotarse la mejilla y la boca: Cuando intentan salirse con la suya, los mentirosos suelen hacer gestos nerviosos y mostrarse bastante tensos. Que alguien se frote la mejilla o se cubra la boca constantemente podría ser una señal de que ocultan algo. En consecuencia, puede que la conversación que esté manteniendo con esa persona no sea sincera, porque esa persona necesita encubrir los verdaderos hechos. Taparse la boca suele simbolizar la necesidad de callarse y mantener los auténticos hechos fuera de sus afirmaciones.

Lenguaje corporal extraño: Es probable que alguien le diga que está bien y que no ocurre nada mientras realizan gestos y espasmos nerviosos. El lenguaje corporal es una expresión importante que, además de ayudarnos a dominar nuestras dotes sociales, puede delatar a un mentiroso. Es muy posible que alguien diga algo mientras su cuerpo comunica otra cosa totalmente distinta, lo que significa que está mintiendo. Cuando alguien le hable, preste atención a su postura y a cualquier movimiento extraño que haga. Esta podría marcar la diferencia en el momento de dilucidar si están siendo sinceros con usted o no.

Voz o risa muy alta: Una persona que hable en voz muy alta y se ría estruendosamente tal vez esté nerviosa e intente ocultar algo. Esto es especialmente sospechoso si no hay ninguna razón para hablar o reír a volumen tan alto. Los mentirosos pueden hablar en voz alta para acallar el conflicto que hay en sus mentes, ya que saben que no están diciendo la verdad. Las carcajadas agudas también disimulan el hecho de que están fingiendo su risa con objeto de pasar desapercibidos y alejarnos de la verdad.

Movimientos repentinos con la cabeza: Alguien que esté mintiendo hará a menudo movimientos repentinos con la cabeza al hacer una afirmación falsa o al llevarle a usted la contraria. Sus gestos con la cabeza podrían deberse al hecho de que intenta esconder la deshonestidad presente en lo que está diciendo. Estos movimientos repentinos son sospechosos, sobre todo en medio de una conversación normal, y deberían dejarnos claro que alguien está intentando disimular la verdad. También es probable que hagan movimientos similares cuando se les acusa de algo, dado que están pugnando con la verdad y son conscientes de ello.

Carraspear mucho: Si es casi imposible tener una conversación porque nuestro interlocutor no para de despejarse la garganta, tenemos una señal de que nos están ocultando algo. Carraspear es un método habitual para comunicar a otra persona que estamos mintiendo descaradamente. Tenga cuidado con alguien que carraspea de forma constante durante una conversación aun estando perfectamente sano, porque es probable que no estén hablando con sinceridad. En tal situación, lo mejor que puede usted hacer es poner fin a la conversación, antes que aguantar ese constante ejercicio de carraspeo.

Mover nerviosamente los pies: Cuando alguien se sienta nervioso por estar mintiendo, moverá los pies constantemente en un esfuerzo por sentirse tan cómodos como les sea posible. La propia deshonestidad de lo que dicen les asusta, con lo que se mueven y hacen gestos nerviosos. Su nerviosismo será evidente a la vista, porque no se sentirán cómodos en nuestra presencia o hablando con nosotros. En lugar de eso, se asemejarán más bien a alguien que está dispuesto a salir corriendo, dado que no querrán permanecer en el mismo sitio tras decir una mentira.

Evitar/ignorar algunas preguntas: Con frecuencia, los mentirosos evitan preguntas o constataciones de hechos cambiando de tema, o simplemente quedándose callados. Si usted se encuentra con que su interlocutor cambia constantemente de tema y pasan a hablar de otra cosa, puede que le esté ocultando la verdad. Este es un aspecto importante de la comprensión de las habilidades sociales, porque es necesario detectar a quienes se comportan nerviosamente bajo presión. Cuando alguien ignore su pregunta, quizá habría que poner punto final a la interacción, porque no tendrá forma de saber si lo siguiente que le dirá será verdad.

Agresividad: Algunos mentirosos se vuelven particularmente agresivos cuando se cuestiona lo que están diciendo. La agresividad inmediata es una buena señal de que estamos hablando con un mentiroso, porque muestra el punto al que dicho mentiroso está dispuesto a llegar para esconder información. La actitud agresiva compensa la falta de ideas, ya que al mentiroso no le queda más remedio que reforzar de alguna forma lo que ha dicho, aunque ya le hayan desenmascarado. Una persona sincera que no tiene nada que esconder mantendrá el temple, aunque se la desacredite.

Se niegan a renegar de lo que han dicho: Si alguien llega al punto de negarse a ser sincero, incluso después de que se haya revelado información que confirma que no estaban en lo cierto, está mostrando una señal de ser un mentiroso. Rechazar por completo una opinión ajena y ceñirse a un camino al que todos los demás se oponen muestra que esa persona no está siendo honesta. Alguien sincero nunca esconde información cuando se le pregunta, porque no tiene ninguna razón para tergiversar la realidad; en cambio, alguien que miente siempre tendrá algo que ocultar. Por lo tanto, no será capaz de renegar de lo dicho, y en ocasiones se negará repetidamente a hacerlo, lo que expondrá su verdadera naturaleza.

Lo más importante a la hora de entender la naturaleza de un mentiroso es que le permitirá a usted mejorar su dominio de las habilidades sociales, y los demás no podrán negárselo. El objetivo de detectar a un mentiroso es evitar que le mientan, pero también confiere una excelente oportunidad para entender mejor a los demás. Esto enlaza con el Capítulo 5, donde se proporcionaba información para analizar a la gente, ya que la verdadera maestría de las aptitudes comunicativas está sujeta a entender estos hechos básicos. Aproveche la información que le daba ese capítulo para determinar si vale la pena o no interactuar con algunas personas según su capacidad para ser honestas.

Capítulo 10: Convierta el Lenguaje Corporal en su Superpoder

Conseguir que su lenguaje corporal sea el adecuado puede resultar útil para adquirir unas buenas habilidades sociales. Esto se debe a que, mediante el lenguaje corporal, se puede conseguir una comunicación muy eficaz con los demás, especialmente cuando lo que usted dice concuerda con los movimientos de su cuerpo. Dominar el lenguaje corporal puede proporcionarle un éxito inmediato, porque la gente siempre asocia ciertos tipos específicos del dicho lenguaje con las interacciones que mantiene tanto con usted como con otras personas. Por ejemplo, una forma divertida de interactuar con un árbitro o juez de línea en la vida real sería señalarlos con el dedo, emulando lo que ellos mismos hacen al arbitrar un partido.

Con dicho fin, mostraremos a continuación algunos consejos básicos para mejorar sus habilidades sociales mediante el lenguaje corporal:

El optimismo es contagioso: Mucha gente no se da cuenta de que el mero hecho de ser positivos produce el mismo efecto con quienes nos rodean. Mantenerse optimista puede implicar varias formas de lenguaje corporal, como moverse con ligereza, cantar con voz tranquila o interactuar de forma amistosa con todos los demás. Sea como fuere, es una excelente forma de mejorar las habilidades comunicativas, ya que nos hace entrañables a ojos de nuestros semejantes.

Por ejemplo, imagínese saliendo una mañana a correr y saludando alegremente a todas las personas con que se encuentre. Esta sensación de felicidad seguramente contagiará a todo el mundo, desde el cartero hasta al ciudadano de a pie que está haciendo sus recados. Salir a correr por la ciudad armado con esta actitud muestra la importancia de tener siempre un lenguaje corporal positivo. La razón es que, al hacerlo, conseguimos que los demás quieran imitarnos, sobre todo al responder a nuestro saludo.

Vestirse de manera colorida y llamativa: Nuestra forma de vestir y de presentarnos es crucial para determinar nuestras interacciones sociales. No es muy habitual ver a alguien interactuando con el basurero en plena faena, ya que las condiciones en que se encuentra pueden ser un tanto deplorables. Del mismo modo, en un restaurante, es muy fácil interactuar con un encargado que lleve ropa muy vistosa, ya que su aspecto habrá captado nuestra atención y quizá tengamos preguntas para él. Vestir bien, en conjunción con movimientos corporales positivos (como caminar con elegancia) acaba siendo un factor importante que determinará nuestro dominio de las aptitudes sociales.

Un buen ejemplo de esto lo vemos cuando alguien va a trabajar vestido de manera adecuada e irradiando positividad. Los pilotos comerciales, por ejemplo, suelen infundir respeto cuando caminan por el aeropuerto; no solo debido a su profesión, sino también a su indumentaria. Con una sonrisa en la boca y decisión en nuestros pasos, será fácil transmitir nuestro optimismo y a nadie que esté en las inmediaciones le importará interactuar con nosotros. La imagen exterior es una parte esencial del lenguaje corporal que puede hacerle caer bien a mucha gente, lo que supondrá una mejora tremenda de sus habilidades sociales.

Sonreír continuadamente y dar un apretón de manos firme: Otra forma de mejorar nuestras habilidades sociales mediante el lenguaje corporal es sonreír y estrechar felizmente la mano a los demás. La sonrisa es un elemento intrínseco del lenguaje del cuerpo, así como una expresión facial básica que nos hace caer bien. Los extrovertidos que socializan constantemente entienden el secreto de una buena sonrisa y lo utilizan para mantener la atención de varias personas a la vez. Es igualmente importante estrechar la mano con firmeza, porque muchas personas se enorgullecen de esto y lo utilizan para juzgar de inmediato a otros.

Un buen ejemplo de esto lo representan quienes trabajan en el servicio de atención al cliente. Dado que conocen a varios clientes cada día, el representante debe satisfacerlos a todos y asegurar que se minimizan retrasos y casos pendientes. Cumplen este sencillo y habitual objetivo sonriendo a sus clientes siempre que se dirigen a ellos y estrechando firmemente sus manos. A veces, un apretón de manos flojo denota falta de interés, así que es importante que el trabajador haga sentirse cómodos a sus clientes.

Gestos manuales: Este lenguaje corporal es particularmente útil cuando se intenta explicar algo técnico a una persona o un grupo. Los gestos con la mano ayudan a enfatizar distintos puntos de la conversación y subrayan lo que es importante y destacable. A los demás les resulta fácil seguir lo que estamos diciendo de este modo, ya que con nuestras manos proporcionamos guías descriptivas. Estos gestos son una vertiente básica del lenguaje corporal, además de un método importante para discutir cuestiones técnicas que requieren cierta expresividad para que su comprensión sea más sencilla.

Un ejemplo sería tratar de presentar un nuevo producto a la directiva de su empresa y convencerla para que lo compre. Seguramente, usted hará una presentación en PowerPoint en la que destacará varias ventajas de los productos, su precio y los costes empresariales asociados. Cuando se produzca esta conversación técnica, usted recurrirá a gestos manuales en varios momentos de la presentación; por ejemplo, para señalar y darle énfasis a los beneficios de que la compañía gozará en el futuro. Esta clase de gestos son vitales ayuda para mostrar qué es importante y adecuarlo a nuestro discurso, lo cual supone una tremenda mejora de nuestras dotes comunicativas.

Frotarse las manos: Este es otro gesto del lenguaje corporal que ayuda a mejorar nuestras habilidades sociales. Cuando usted se comunique con alguien, puede frotarse las manos para anticipar que se avecina algo bueno, sobre todo cuando lo empareja con su discurso. Frotar las manos asegura que nuestros oyentes permanecen relajados y cómplices, porque notan la positividad que emana de usted. Muestra que tenemos confianza en los objetivos que perseguimos y que podemos dar una predicción bastante acertada de lo que está a punto de suceder.

Un buen ejemplo sería anunciarle a un futuro padre la gran noticia. Si el padre está esperando a la salida de una sala de maternidad, el médico podría aproximarse a él mientras sonríe y se frota las manos. Puede que al padre ni siquiera le haga falta preguntar, dado que el lenguaje corporal del médico le dice que seguramente traerá buenas noticias. Frotarse las manos de este modo muestra una anticipación positiva ante lo que se va a decir, con lo que el padre tiene motivos de sobra para sentirse feliz.

Inclinarse hacia una dirección: Este es otro tipo de lenguaje corporal muy revelador: implica que estamos posicionando el cuerpo en dirección a algo que nos gusta, si bien también puede usarse para lo contrario. Si a usted le está gustando su cita romántica, puede inclinarse hacia la otra persona sin darse cuenta. Las personas interesantes siempre tendrán algo bueno que decir y buscarán constantemente su atención, lo que explica la posición de su cuerpo. Si alguien no se siente cómodo o no dice la verdad, puede que se inclinen en dirección opuesta para protegerse, y también con la esperanza de que no nos apercibamos de lo que están escondiendo.

Las citas románticas, en las que a veces la posición de nuestro cuerpo indica si la velada está saliendo bien o no, son un buen ejemplo de esto. Si descubre que su pareja de cita pasa mucho tiempo tratando de acercarse a usted, podría ser una señal de que usted le ha gustado mucho y que quiere prestar atención a todo lo que dice. La posición corporal de su cita también puede revelarle fácilmente todo lo que usted necesita saber sobre sus propias habilidades sociales, ya que los movimientos de su cuerpo mostrarán satisfacción o desagrado.

Mostrar las palmas de las manos: Esta es otra forma importante de lenguaje corporal que expresa inocencia y enfatiza que estamos diciendo la verdad. Este gesto se usa en distintas ocasiones y siempre indica que el interlocutor está dispuesto a que se cuestione lo que está diciendo. Es un gesto de sinceridad, aunque los mentirosos también se sirven de este lenguaje corporal para justificar lo que dicen. Normalmente, este gesto se utiliza para indicar rendición, ya sea un verdadero conflicto o tan solo una conversación. Entender este gesto manual básico es importante para potenciar sus dotes sociales.

Este gesto se pone en práctica, por ejemplo, cuando alguien intenta justificar una verdad básica. Si usted le intenta explicar a un amigo que Alaska es parte de los Estados Unidos, puede que abra las palmas de sus manos mientras se encoge ligeramente de hombros para indicar que está diciendo la verdad. Del mismo modo, los devotos suelen alzar sus manos y abrirlas al cielo como símbolo de su sumisión a la voluntad de Dios. Es un gesto manual que denota inocencia y el deseo de aceptar lo que viene.

Asentir y negar con la cabeza: Estos dos gestos son una forma excelente de mantener viva la conversación sin interrumpirla. Son expresiones importantes del lenguaje corporal, además de habituales y fáciles de entender. Al asentir indicamos que estamos de acuerdo con la dirección en que avanza la conversación: cuando asentimos, confirmamos en silencio que estamos escuchando y que concordamos con los puntos expuestos. Cuando negamos con la cabeza, puede deberse a que no estamos oyendo bien a nuestro interlocutor o que no estamos de acuerdo con alguna cuestión que ha planteado.

Encontramos un buen ejemplo de esto cuando un grupo de personas traza una estrategia e intenta organizar distintas partes de un plan. Cuando un orador explique los puntos básicos del plan, todos asentirán y seguirán el ritmo de la conversación. Sin embargo, cuando no estén de acuerdo con algo de lo que se ha dicho, negarán con la cabeza, tras lo cual seguramente expresarán sus discrepancias. Estos movimientos sencillos con la cabeza contribuyen a mejorar las habilidades sociales, porque aseguran la eficacia incluso en la más sencilla de las conversaciones.

Capítulo 11: Enfrentarse a la Charla Casual Como Persona Introvertida

Una persona introvertida prefiere estar en compañía de sí mismo en un ambiente sereno. Esto supone un fuerte contraste con alguien extrovertido, quien preferirá la compañía bulliciosa de varios amigos en un entorno animado. Esto demuestra que a los introvertidos no se les dan bien las conversaciones casuales, ya que no suelen implicarse en ellas, más allá de cuanto están con amigos íntimos. Los introvertidos son personas profundas que siempre buscan hablar de algo interesante. Algunos de los temas de los que hablan los introvertidos incluyen cambiar el mundo, conseguir la paz global y teorías conspiratorias. Los introvertidos son individuos de mente singular a los que no les interesa el sistema ni el estado actual de las cosas. Suelen pensar a lo grande, y como resultado, algunas de las acciones que toman llaman más la atención de lo que creen. Los procesos sociales, como la charla casual, no les resultan divertidos en absoluto. Un introvertido preferiría discutir un futuro plan comercial antes que pasar una hora hablando sobre cosas intrascendentales que no le reportarán ningún beneficio inmediato.

¿Por qué a los introvertidos les cuesta y disgusta tanto la carla trivial?

Es una pérdida de tiempo: A los introvertidos no les enorgullece precisamente derrochar tiempo hablando de cosas que ya se han dicho. En vez de encontrarle atractivo a conversar casualmente con amigos, los introvertidos prefieren pasar tiempo de forma más constructiva, de modo que al final del día hayan aprendido algo. Por ejemplo, un introvertido prefiere conversar sobre el argumento del libro que quieren publicar, en lugar de cotillear sobre las noticias recientes de algún famoso.

Socializar es agotador: A los introvertidos les cuesta mantener conversaciones largas que no sean especialmente beneficiosas, pues les resulta cansado. Como ya se ha dicho, prefieren conversaciones profundas y reducir al mínimo las charlas triviales. También les cuesta tratar de encajar en grupos en los que ya saben que no encajan demasiado.

Los introvertidos tienen un círculo reducido de amigos con los que se sienten cómodos: Normalmente, los introvertidos mantienen relaciones estrechas con solo unas pocas personas, y dentro de ese grupo de amigos, es posible verlos implicados en charlas triviales. No obstante, cuando se trata de relacionarse con otras personas, les resulta difícil debido a la falta de entendimiento entre dos conjuntos de personas. Los introvertidos quieren hablar de cosas específicas y se sienten atraídos por la información y las ideas nuevas. La charla trivial, por el contrario, no les resulta tan interesante como hablar con sus amigos.

Los introvertidos no tienen muchas ganas de dominar las habilidades sociales: Apenas les interesa desarrollar la clase de destreza social que les facilitaría participar en conversaciones banales. Los introvertidos prefieren interactuar con amigos íntimos y gozar de un entorno estimulante, dado que las charlas triviales les resultan cansadas, amén de una pérdida de tiempo. Este escaso deseo por mejorar sus habilidades sociales hace que les resulte aún más difícil sentarse unos pocos minutos para tener una charla breve. Dominar las aptitudes sociales puede suponer toda una diferencia en cuanto a tolerar e incluso disfrutar esa clase de diálogos.

Prefieren su mundo propio: Dado que están constantemente inmersos en sus pequeños mundos propios, la charla trivial resulta una tarea desalentadora para los introvertidos. El diálogo banal no tiene lugar en su mundo personal, porque lo segundo será normalmente más cómodo para un introvertido que lo primero. En cambio, a alguien extrovertido no le importa entablar charlas casuales, ya que así manifiestan su personalidad. Por lo tanto, el hecho de que los introvertidos se encuentren a menudo perdidos en sí mismos les dificulta la labor de concentrarse cuando los demás están charlando casualmente entre ellos.

A continuación, exponemos algunos consejos prácticos para que los introvertidos afronten los problemas que a menudo plantea la charla trivial:

Asentir para mantener la atención: Asentir mientras alguien nos habla no tiene nada de malo, porque indica que estamos siendo atentos con él y que nos mostramos de acuerdo. La esencia de la charla trivial consiste en relacionarse de tal forma que no se cree un conflicto; por lo tanto, asentir de vez en cuando, sin que importe lo que se esté diciendo, es una forma con la que un introvertido puede seguir el ritmo. Es mejor asentir que ser maleducado y mostrar abiertamente nuestro desinterés en el tema, porque la paciencia es un elemento esencial para dominar las aptitudes sociales.

Intentar cambiar sutilmente de tema: Tampoco es mala idea probar a introducir un nuevo tema de conversación para poder participar genuinamente en ella. Como introvertido, usted se verá motivado a hablar sobre algo que le resulte relevante, y no hay nada malo en implicar a los demás en ello. En cualquier caso, es importante cambiar de tema lenta y respetuosamente, porque no querrá implicar que le están haciendo perder el tiempo. En lugar de eso, sea sutil a la hora de introducir un tema que le haga sentirse más participativo.

Hacer preguntas para mantener vivo su interés: Otra buena táctica es hacer preguntas en distintos momentos de la charla para incrementar su interés. Así, tal vez le demuestre a su compañero de conversación que usted no sabe demasiado acerca del tema discutido, y acabarán compartiendo detalles intricados que le llamarán la atención. Hacer preguntas también hará que se revelen pequeños detalles que usted no conocía, lo que acabará haciéndole socializar más con los demás. Se puede empezar a apreciar la esencia de la charla trivial haciendo preguntas amables que nos ayuden a instruirnos.

Pedir ayuda a un amigo: Al hablar con un grupo, es posible solicitar la ayuda de un amigo para conseguir información. Un buen amigo puede ayudarle a mantener e incluso apreciar la conversación observando varias cosas y contestando a sus preguntas. En estas situaciones, tener cerca a un amigo nos lo pone fácil, porque conseguiremos una pequeña guía básica sobre cómo interactuar con los demás. Con el tiempo, la charla trivial dejará de ser difícil e indeseable, dado que usted se habrá acostumbrado a ella con la ayuda de una guía adecuada.

Atrévase con temas habituales de la charla trivial: Puede que usted ya esté familiarizado con algunos temas comunes de la charla trivial, como pueden ser los rumores políticos o los deportes. A veces ayuda virar la conversación hacia esa dirección, ya que le proporcionarán un tema que poder discutir mutuamente con otras personas. Esta es una forma eficaz de sortear el aburrimiento que generan las conversaciones triviales, porque se puede probar a hablar de algo con lo que estamos más familiarizados. De este modo se reduce la monotonía asociada con la charla trivial, y será posible conseguir una interacción positiva.

Cuente un chiste: Otra forma igualmente eficaz de sortear el aburrimiento de las charlas banales es probar a contar un chiste. Esta es una forma habitual de romper el hielo en diversas situaciones sociales, y funcionará si está usted intentando integrarse en un grupo mientras se conversa casualmente. Se ganará la aprobación de los demás, sobre todo si se cuenta un buen chiste, y su contribución le permitirá formar parte del grupo.

Cuente un hecho interesante: Se puede cambiar por completo la dinámica de una conversación casual contando algo verídico e interesante. Esto llamará la atención de todos y se convertirá en un nuevo tema de conversación. Contar un hecho interesante es igual de importante que cambiar de tema, porque le proporcionará control sobre la situación y podrá usted decidir de qué pasarán a hablar todos los demás. Aporte un hecho interesante, como, por ejemplo, cuál es la aeronave más grande del mundo. Estos temas despertarán el interés de los demás y le dará una oportunidad para adentrarse en una charla trivial mucho más interesante, lo cual solucionará el problema.

Cuente una experiencia de viaje interesante: Esta es otra forma de evitar los problemas que presentan las charlas triviales. En lugar de hablar de algo que le resulte aburrido e inútil, hablar de distintos lugares del mundo podría ser una mejor idea. Este es un excelente enfoque social para mejorar sus habilidades sociales, pues así puede usted conectar con personas con las que comparte ciertos intereses. Es muy raro encontrar un grupo de personas en el que a nadie le interesa viajar: la gente habla constantemente sobre otras partes del mundo. Introducir esta clase de temas puede llevarnos a evitar lo difícil e indeseable que deriva a veces de las conversaciones banales.

Pase lo que pase, no se quede callado: Los que no contribuyen para nada a una conversación suelen ser percibidos rápidamente como gente aburrida, ya que no están haciendo nada. Esta no es una buena forma de abordar los problemas asociados con la charla trivial: por mucho que resulte tedioso, es mejor decir algo que quedarse callado. El silencio puede interpretarse como una implicación directa de que todos los demás nos aburren, lo cual supone un método erróneo para afrontar los retos de la charla trivial.

Discúlpese educadamente: Cuando la gente da comienzo a una charla trivial, no es impropio excusarse antes de irse. Sin embargo, lo importante es hacerlo con educación, así que intente no llamar la atención ni parecer ofensivo. Podemos excusarnos de muchas formas, pero siempre es mejor disculparse mientras nos levantamos para irnos. Salir respetuosamente del lugar le procurará un lugar entre ese grupo de amigos cuando esté dispuesto a quedar con ellos de nuevo.

Capítulo 12: Problemas y Relaciones de los Introvertidos

Como consecuencia de su falta de destreza social, los introvertidos afrontan muchos problemas a la hora de hacer amigos. Esto también ocurre en citas románticas, donde les cuesta seducir a sus parejas mucho más que a sus amigos extrovertidos. Las personas del sexo opuesto siempre ha sido un tema de conversación para los introvertidos, ya que ambicionan encontrar la mejor forma de aproximarse a ellas y confesar su amor. Sin embargo, cuando se les presenta una oportunidad para hacerlo, suele salir mal y terminan por dejarse en evidencia.

Hay dos factores importantes a tener en cuenta cuando se concreta una cita:

Escoja un lugar bonito que les guste a ambos: En una primera cita, es importante elegir una localización pintoresca que les llame la atención a los dos. Dicho lugar podría ser un restaurante o un parque nacional; en cualquier caso, es esencial que el lugar tenga un cierto significado, pues ayudará a establecer una conexión entre ambos. Las primeras citas son cruciales para determinar si la relación tendrá éxito, con lo que se debe prestar especial atención a esa primera impresión.

Hable de intereses en común: La forma más eficaz de prolongar la conversación en una cita es hablar de intereses comunes. Intente conocer a su pareja de cita un poco más y descubrirá que recibe de buen grado hablar de cosas que les interesan a ambos. Si a su cita le gusta la historia, hablar de la historia del país y debatir sobre dilemas inmemoriales podría ser una forma excelente de conectar. Los dos hablarán con libertad, lo que se traducirá en un tiempo bien invertido y felicidad.

No saque demasiado pronto el tema del sexo: Los hombres suelen cometer este error: mencionan la cuestión del sexo demasiado pronto y terminan por desanimar a su cita. En lo que se refiere a una cita de importancia, conveniente hablar con su pareja poco a poco y darle espacio para que le conozca a usted un poco más. Le sorprenderá que, tras apenas una corta espera, será él o ella quien saque el tema. No caiga en el error de mencionar precipitadamente el tema del sexo ni establecer condiciones para el mismo, porque lo más probable es que estropee la relación que ya se ha formado.

Evite las pausas largas: Recuerde que, en una cita, se trata únicamente de ustedes dos. No aburra a su pareja quedándose callado ni acaparando la conversación, porque es importante que ambos contribuyan. La cita tendrá más éxito si los dos participan y procuran interesarse mutuamente. Tampoco se centre demasiado en hacer que la cita sea lo más memorable posible, pues es probable que esto le distraiga de su compañero o compañera de cita. Si va a hacer una pausa, mire fijamente a los ojos de su cita y hágale saber que cuenta con toda su atención.

Use un lenguaje respetuoso: Antes de conocer bien a alguien, siempre es importante hablar con un lenguaje respetuoso y minimizar la jerga coloquial en una cita. La formalidad importa, y con ella atraeremos al sexo opuesto más de lo que conseguiríamos usando un lenguaje irrespetuoso. La forma en que usted se presenta en una cita es importante a la hora de determinar si hay un futuro para ambos, porque nadie quiere estar con personas que no son adecuadamente cultivadas. Conserve la calma a lo largo de la noche y asegúrese de estar diciendo lo correcto a la hora de hablar.

Sea siempre puntual: Este es otro error que a veces cometemos al acudir a una cita. No hay problema en llegar tarde una vez, o quizá dos; pero nunca deje que se convierta en costumbre. Resulta muy molesto y no nos hace ningún favor a la hora de dominar nuestras habilidades sociales, porque seguramente su pareja de cita acabe por cansarse de esperarle. Controle siempre la hora de sus citas y no haga promesas precipitadas que acaben provocando que su cita tenga que esperarle por mucho tiempo. Valore el tiempo de los demás: no es buena idea hacérselo perder en una cita. Asimismo, présteles toda su atención cuando estén juntos, porque si hay algo que hacer, siempre podrá hacerse en otro momento.

Para mantener una buena conversación con el sexo opuesto, hay varios factores a tener en cuenta si queremos que la charla tenga éxito:

Sea amable y educado: Es de vital importancia que trate usted a su pareja de cita con amabilidad. Considere en todo momento sus deseos, pues ello determinará la solidez de su amistad. Mucha gente cree que actuar de manera impetuosa y bulliciosa impresionará a su cita, pero nada podría estar más lejos de la realidad. Al sexo opuesto suele gustarle alguien que sea tranquilo, ya que eso hace que sea más fácil relacionarse y hablar en calma. En una cita, sea amable y educado con la otra persona y procure no ofenderla: una conversación privada debe seguir siendo privada. Sea humilde y acérquese a su cita para que ambos puedan hablar en tono amable y suave. Este es un método óptimo para mejorar sus habilidades sociales y conseguir un nuevo amigo.

Mantenga una comunicación constante: Es importante hablar continuadamente con el sexo opuesto siempre que no estén juntos, aunque debe hacerse con cuidado y respeto. Conozca sus rutinas para así encontrar horas adecuadas para charlar durante el día y la noche. Envíense mensajes para saber qué está haciendo el otro, y procure que las conversaciones sean casuales y no técnicas. Estar en comunicación constante significa que ambos piensan mutuamente en el otro, lo que ayuda a dominar los aspectos básicos de las aptitudes sociales.

Escuche sus problemas: Debe usted tener siempre un buen oído para escuchar los problemas a los que se enfrenta el sexo opuesto. Es una buena forma de dar comienzo a una conversación personal, si bien es importante ser coherente y comprensivo con los problemas ajenos: demuestra que nos preocupamos realmente por el prójimo y nos ayuda a dominar habilidades comunicativas de importancia. La empatía que usted demuestre en estas situaciones establecerá una relación mucho más cercana con su pareja, y a cambio, su pareja también se mostrará más abierta a hablar con usted.

Las conversaciones en persona son tan importantes como las telefónicas: Debe usted valorar mucho la comunicación con su pareja de cita, pues eso ayuda a ganarse la confianza de los demás. Las conversaciones en persona son igual de importantes que cuando hablamos por teléfono, así que se debe ser respetuoso en ambas situaciones. Esto también se aplica a los mensajes: no es necesario bombardear al sexo opuesto con demasiada charla técnica. Céntrese en hablar sobre la otra persona; cómo les ha ido el día, cómo se encuentran y qué puede hacer usted para que se sientan mejor.

No junte a demasiados amigos en conversaciones personales: Tal vez quiera usted tener a un amigo o amiga a su lado, incluso en una cita. Aunque esto podría estar bien para una sola ocasión, nunca debería intentarse con frecuencia. Si usted valora el tiempo que pasa a solas con alguien del sexo opuesto, esa persona también apreciará saber que usted tiene tiempo para ella. Traer constantemente a un amigo cuando vamos a pasar el rato con nuestra pareja indica que no disfrutamos demasiado en su compañía. Esto puede llevar fácilmente al fin de la relación. Debe usted conseguir tiempo para estar en compañía íntima con el sexo opuesto, al margen de sus amigos cercanos.

Ser recíproco en una relación romántica es tan importante como ser respetuoso. Esto puede lograrse de varias maneras:

Dar regalos: Debería dedicar una parte de su tiempo a ir de compras para encontrar los mejores regalos que ofrecer a su pareja. Dar un regalo es una acción respetuosa con la que se demuestra que valoramos al otro, así como una excelente forma de reciprocar el amor que recibimos. Cuando dé un regalo, sea consciente de su valor y significado para evitar ofender al sexo opuesto.

No olvidar aniversarios y cumpleaños: Reciprocar el amor de otra persona también implica recordar los días más importantes de su vida y celebrarlos con ella. Los aniversarios son importantes porque indican hasta dónde ha llegado una relación, y permite que se establezca un respeto mutuo entre ambos. Los cumpleaños también son una gran forma de demostrar nuestro amor, y convertir esa fecha en una ocasión especial mejorará decididamente nuestra relación. Estas prácticas sencillas mejorarán sus dotes sociales y le permitirán mostrarse como alguien sensible y razonable con su pareja.

Apoyarles en momentos difíciles: Las épocas de tristeza suelen suponer un gran reto para cualquiera, con lo cual es importante tener a un amigo a nuestro lado en dichos momentos. Si usted le demuestra a su pareja que está ahí para apoyarla cuando están tristes (por ejemplo, tras la muerte de algún familiar), se establece un fuerte vínculo de amistad que será muy difícil romper. Ser considerado y empático es una estupenda habilidad social.

No ser infiel: También es importante no cometer el error de ser deshonesto, ya que así pueden destruirse años de amistad. La infidelidad es una de las peores cosas que pueden suceder en una relación, y puede tirar por la borda años de duro trabajo intentando dominar las habilidades sociales. Sea siempre sincero con su pareja en toda conversación y confíe en ella. Esto generará confianza y respeto entre ambos para el futuro, y pronto verán que nunca se sienten incómodos en compañía del otro. Desarrollar unas buenas habilidades sociales depende de la honestidad, y cuando esta desaparece, se asegura la destrucción de una relación.

Respetar a sus amigos y familiares: Es imperativo mostrar un respeto absoluto por los familiares y amigos de su pareja. Esto es fundamental para conseguir éxito en la relación, porque hará que nuestra pareja nos quiera aún más. Las relaciones prosperan si ambos aprueban las amistades de su respectiva pareja, ya que ello indicará que nosotros también estamos entrando en su círculo. El respeto por la familia también forma parte de ello, y como resultado, su pareja le respetará aún más.

Capítulo 13: Problemas de los Introvertidos en el Entorno Laboral

Los introvertidos se comportan de forma única en entornos laborales, porque se ven obligados a interactuar con los demás a la vez que se mantienen reservados. Una de las características más importantes de los introvertidos es que les encanta pasar tiempo a solas y encontrar oportunidades para perderse en sus pensamientos. Los entornos laborales se encuentran quizá entre los peores lugares en los que los introvertidos desharían estar, porque todos los demás están cerca de ellos. Dado que siempre hay trabajo, no hay tiempo para pensar de forma independiente. Si logran sacar algo de tiempo para pensar por su cuenta, es probable que cualquiera de las numerosas personas que trabajan en la oficina los interrumpan. De este modo, es imprescindible aprender ciertas habilidades sociales para poder trabajar con sus compañeros y formar parte del equipo laboral. A los introvertidos siempre les ha resultado problemático aprender estas habilidades, dado que lo consideran una pérdida de tiempo. Su comportamiento siempre ha sido único, y del mismo modo, se les ha señalado a menudo por ser enormemente distintos del resto de la gente. Sin embargo, es importante discutir la conducta específica de los introvertidos en el trabajo, ya que ello arrojará algo de luz sobre las habilidades sociales que conviene perfeccionar.

Mantienen su privacidad: Los introvertidos siempre procurarán reservar hasta el más pequeño grado de independencia que puedan, aun en un espacio de trabajo. Suelen tener muy organizado su espacio laboral, el cual es casi como su pequeño mundo personal. Mantienen al mínimo sus interacciones, ya que pasan mucho tiempo concentrados en su trabajo y raramente participan en otras actividades. Es difícil interactuar con ellos a no ser que se les hable directamente; de lo contrario, mantienen una asombrosa concentración en lo que hacen.

No suelen participar en charlas triviales: Como se ha explicado antes, es difícil ver a alguien introvertido contribuyendo en una charla banal, lo que también se aplica al entorno laboral. De hecho, aunque las charlas casuales son una manera básica con la que los compañeros de trabajo interactúan entre sí, los introvertidos prefieren estar a solas y hablar solo cuando se les pregunte. No es que nunca participen en charlas triviales, pero lo harán de manera muy ocasional en comparación con sus compañeros extrovertidos, lo cual les distingue fácilmente en el trabajo. Los introvertidos no son parlanchines: lo más probable es que sean de las personas más silenciosas de la oficina.

Trabajan mejor al margen de los equipos: Dado que prefieren hacer las cosas por sí mismos, los introvertidos no suelen trabajar bien en equipo. Prefieren completar un proyecto encargándose de todos sus aspectos principales y solo piden ayuda externa en cuanto a responsabilidades técnicas. A los introvertidos les gusta ocuparse de un proyecto en su totalidad y solo buscan un enfoque más colaborativo cuando es absolutamente necesario. Al trabajar en equipo, quizá no contribuyan mucho en términos de conversación, pero siempre cumplen eficazmente con su parte del trabajo. Los introvertidos son los lobos solitarios de la oficina y, en ocasiones, se puede contar con ellos como último recurso cuando hay una tarea difícil de por medio.

Son ordenados y precisos: Los introvertidos son sorprendentemente directos al interactuar con otros empleados, además de ser muy organizados. Dado que reducen al mínimo las discusiones personales, las interacciones con otros empleados se incluyen entre la base de sus responsabilidades. Suelen destacar en la oficina por su pulcritud y organización en contraste con empleados extrovertidos, quienes prefieren por lo general pasar su tiempo libre con amigos antes que poniendo en orden su escritorio. Los introvertidos también aprecian la puntualidad y, con frecuencia, son los primeros en llegar al trabajo cada mañana.

Entablan sobre todo conversaciones técnicas: Cuando los introvertidos deciden conversar, normalmente será más acerca de cuestiones técnicas y jerga empresarial que de temas triviales. Siempre intentan invertir su tiempo de forma útil, lo que incluye hablar de cosas constructivas. Probablemente intentarán pedir la ayuda de sus compañeros en un proyecto de trabajo, y también pueden hablar sobre distintos tipos de oportunidades comerciales. Las conversaciones que los introvertidos mantienen en la oficina suelen diferir de las charlas triviales a las que la mayoría de la gente está acostumbrada.

Son tranquilos y reservados: Esta es la característica básica de los introvertidos en el trabajo, ya que no interactúan demasiado con los demás. En vez de eso, prefieren pasar su tiempo trabajando en sus proyectos más de lo que lo invierten interactuando con otras personas. Apenas se involucran en asuntos ajenos y prefieren pasar su tiempo a solas tanto como les sea posible. No se les suele oír mucho en reuniones, dado que no suelen sentir la necesidad de dirigirse a una gran cantidad de gente. Cuando tienen algún problema en la oficina, tratan de resolverlo mediante su jefe o supervisor.

Les ilusionan los proyectos de la empresa: Un introvertido siempre busca la forma de desarrollar nuevos proyectos con la empresa y lograr el mayor éxito posible. Esta es una pasión crucial para ellos, ya que significa para ellos una buena razón para implicarse en su entorno laboral. Los introvertidos se toman muy en serio su trabajo y también se sienten orgullosos cuando sus ideas prosperan en la empresa. Este es otro tema del que poder hablar con alguien introvertido en el trabajo, porque siempre estarán dispuestos a hablar de nuevos proyectos y promover ideas que podrían cambiar la dinámica de su entorno.

Apenas asisten a fiestas y descansos: El introvertido típico no frecuenta las reuniones de la oficina a no ser que sea necesario. Es probable que no aparezcan en fiestas ni descansos, porque prefieren dedicar su tiempo a cosas más constructivas. Mientras estas son las oportunidades que los extrovertidos aprovechan tanto como pueden, los introvertidos prefieren estar en un entorno más relajado en el que tengan todo el control. Esta conducta puede parecer antisocial, pero no es más que una característica clásica de los introvertidos. Entender los aspectos importantes de las habilidades sociales será crucial para cambiar.

No obstante, si es usted alguien introvertido, tiene la oportunidad de destacar socialmente en el trabajo. Estos son algunos consejos prácticos que pueden ayudarle en el entorno laboral:

Trabaje en equipo: Una forma de destacar comunicativamente en su lugar de trabajo es sintiéndose cómodo trabajando en equipo. Esto le dará la oportunidad de interactuar con varias personas y formar vínculos con ellas. Trabajar en equipo es especial, porque usted tendrá la oportunidad de apreciar las contribuciones de cada cual y aprender algunas cosas sobre interacciones sociales.

Cree vínculos más sólidos con sus compañeros: Si identifica alguna afición que le interese tanto a usted como a un compañero, podrá forjar una relación más sólida con él. Puede tratarse de cualquier cosa, desde jugar al ajedrez hasta contar historias divertidas. Es esencial tener un compañero de trabajo que se convierta en un buen amigo sin que esté necesariamente dentro de su círculo de amigos íntimos. Llevarse bien con un compañero de trabajo puede suponer una enorme diferencia al intentar perfeccionar su destreza social, lo cual hará que sea mucho más fácil relacionarse con el resto de la oficina.

Pase más tiempo en descansos y fiestas: Otra forma de asegurar que pasamos todo el tiempo posible con compañeros de trabajo es asistir a fiestas y descansos laborales. Si se entera de que alguien va a celebrar su cumpleaños en la oficina, acuda a la celebración y pruebe a practicar la charla trivial, como se ha mencionado antes. Es una forma excelente de ampliar sus habilidades sociales. Asistir a los retiros y descansos corporativos también es una buena idea que puede ayudarle a mejorar.

Participe activamente en reuniones de personal: Es importante que usted se haga oír en la oficina, y un método eficaz para conseguirlo es participar activamente en reuniones laborales. Esto le dará una oportunidad para que se fijen en usted; no solo sus compañeros, sino también sus jefes. Es idóneo practicar métodos formales para hablar con los demás en el trabajo, lo cual le proporcionará una mejor perspectiva de lo que se espera de usted. Participar en reuniones de personal hará que se fijen en usted y le dará a los demás una oportunidad para relacionarse con usted. Esta puede ser una buena forma de romper el hielo y desarrollar sus aptitudes sociales en un entorno profesional.

Lea más acerca de cómo socializar en el entorno laboral: Internet está atestado de artículos que le proporcionarán información sobre cómo participar en la oficina. Esto ampliará su comprensión y le ayudará a poner nombre a términos que no conocía. Leer sobre este tema le dará espacio teórico para practicar su participación en el entorno de trabajo. Diversifique sus fuentes de información, ya que esto será importante a la hora de encontrar consejos propicios sobre habilidades sociales. Leer le permitirá identificar los retos que se le presentan y le dará la oportunidad de investigar en busca de una solución para ellos.

Organice encuentros: También es una estupenda idea tomar la iniciativa y organizar un evento que reúna a varios de sus compañeros. Esto será seguramente un éxito, porque los compañeros de trabajo nunca olvidan una muestra de amabilidad y lo mencionarán constantemente en la oficina. Esta es una manera excelente de aumentar su reputación e interactuar con gente con la que no suele relacionarse. También ayuda a establecer una buena reputación en la oficina, experiencia que puede incrementar fácilmente su dominio de las habilidades sociales en el entorno laboral.

Tenga una perspectiva positiva: Es importante desprender optimismo en la oficina, ya que contagiará a los demás y cimentará una buena atmósfera de trabajo. Hablar con una sonrisa en la boca y ser cortés con todo el mundo son también rasgos importantes que aseguran relaciones excelentes. En el trabajo, usted puede mejorar sus habilidades sociales siendo simplemente educado y colaborativo. Sus compañeros de trabajo apreciarán la amabilidad y el optimismo, y a menudo corresponderán sus buenas intenciones para beneficio de todos los que trabajen allí.

Capítulo 14: Problemas de los Introvertidos en Eventos Sociales, Reuniones y Fiestas

Los eventos sociales, las reuniones y las fiestas son a veces los destinos más indeseados para los introvertidos. Esto se debe a que se ven forzados a interactuar con otras personas en un entorno en el que se sienten fuera de lugar. Aun así, estos eventos son importantes para que sus compañeros de trabajo le pasen información importante, así como para poder relacionarse con ellos de forma amistosa. Un introvertido puede tomar varias medidas para mejorar las habilidades sociales que le permitan integrarse en grandes grupos de gente. Sin embargo, es importante empezar por entender los retos a que se enfrentan los introvertidos en estas situaciones:

Miedo escénico: Este es un serio problema para cualquier persona introvertida, dado que no es habitual que se enfrente a un escenario y se dirija a un gran número de personas. El medio escénico es un importante problema que menoscaba el mensaje a comunicar, porque la gente suele prestar atención a las flaquezas del orador. Este problema supera a veces a la habilidad dialéctica del conferenciante, que termina por pasar varios minutos sin decir nada o simplemente balbuceando palabras incomprensibles. Esto ocurre como resultado de tener demasiados rostros mirándonos a la vez, algo a lo que los introvertidos no suelen estar acostumbrados.

Incomodidad ante la charla trivial: En fiestas y eventos, la conversación habitual se caracteriza por la charla trivial. Los introvertidos se sienten muy incómodos en esos ambientes, porque no están acostumbrados a esa clase de charla ni les interesa. No se sienten a gusto contribuyendo incesantemente a una conversación que no les interesa, y seguramente se centrarán en buscar algo interesante en el lugar.

Demasiados rostros desconocidos: Los introvertidos se sienten muy incómodos con gente a la que no conocen, y el hecho de no contar con las mejores dotes sociales no ayuda en esa situación. Frente a demasiados rostros desconocidos, la mayoría de los introvertidos se quedan callados porque no tienen nada de qué hablar con gente a la que no conocen. Esto contrasta con los extrovertidos, que aprecian toda oportunidad para conocer a gente nueva y charlar con ella. Las personas introvertidas atraviesan ciertas dificultades cuando hay demasiados rostros desconocidos en la fiesta.

Entornos no relajados: Fiestas, reuniones y eventos sociales suponen lo contrario de lo que los introvertidos consideran cómodo. Prefieren los entornos relajados y serenos en los que pueden desaparecer y refugiarse en sus pensamientos y su mundo propio. En una fiesta, esto no es posible entre tantas distracciones, lo que supone un problema a quienes son de naturaleza introvertida.

Demasiado ruido: Los eventos sociales son siempre bulliciosos, y a los introvertidos no les gustan esos ambientes. Si es usted un introvertido, seguramente tratará de resolver sus asuntos en esos encuentros para volver a casa en cuanto sea posible. Es casi imposible pensar con claridad o tomar decisiones racionales en medio del caos de un lugar ruidoso. Es preferible estar en un lugar silencioso, sin interrupciones, que estar en una fiesta rodeado de ruido y actividad.

Aburrimiento/distanciamiento: Los introvertidos se aburren fácilmente en eventos, sobre todo si no conocen a demasiada gente o si les interesa poco aquello de lo que se está hablando. Dado que mantendrán al mínimo sus interacciones, es muy posible que quieran irse lo antes posible, ya que sentirán que su tiempo se está echando a perder. Los eventos sociales pueden consumir mucho tiempo, y si les parece que no están obteniendo nada valioso, son propensos a distanciarse y aburrirse. Este es otro problema con al que los introvertidos se enfrentan constantemente como resultado de tener que asistir a reuniones sociales.

Pasar demasiado tiempo practicando: No hay nada malo en planificar las cosas, pero pasar demasiado tiempo haciéndolo puede ser catastrófico. Por mucho que sea importante perfeccionar las aptitudes sociales, hemos de hacerlo con moderación para no ponernos nerviosos. El proceso de aprender habilidades sociales ha de ser divertido, porque estará basado en las experiencias del introvertido. Siempre es buena idea tener un amigo que nos ayude, ya que ayudarán al introvertido a refinar sus aptitudes de interacción. Para no ponerse nerviosos y desperdiciar valiosas horas de trabajo, los introvertidos deben tomar nota del tiempo que pasan delante del espejo.

Cansancio: Socializar puede resultarle agotador a un introvertido, sobre todo si no están acostumbrados a ello. En los eventos sociales se suele ir de un lado a otro, saludando a varios desconocidos y forzando conversaciones con ellos. Puede que también se deba hablar ante un gran grupo de personas, y mantener su interés en el evento acaba siendo un reto importante para los introvertidos conforme pasan las horas. Tratar con otras personas y llevar el enorme peso de las interacciones puede consumir mucha energía, lo cual es un grave problema para los introvertidos.

Para lidiar con los retos que experimentamos en esta clase de eventos, existen muchas soluciones:

Practique sus discursos: Este es un buen consejo para quienes padecen miedo escénico, ya que podrá usted comunicarse con un gran número de personas sin cometer errores. Aún más importante: podrá superar su nerviosismo gracias a la práctica, y esto será fundamental a la hora de perfeccionar sus aptitudes sociales. Practicar también le ayudará a prepararse para comunicar adecuadamente su mensaje y superar los problemas acuciantes que experimenta en reuniones sociales.

Evite hablar de cosas del trabajo en la fiesta: No tiene sentido traer nuestros asuntos laborales a la fiesta, aunque se trate de un evento empresarial. El objetivo de la fiesta o la reunión es que la gente interactúe, recompensar a individuos trabajadores y crear un ambiente positivo entre todos. Es importante mantener ese espíritu con conversaciones interesantes y asegurándose de que todo el mundo se siente tan cómodo como sea posible. Los problemas de la oficina no harán más que romper la dinámica de la fiesta.

Aprecie la charla casual: Debe usted apreciar la esencia de las conversaciones triviales, ya que es la forma más eficaz con que la gente interactúa. La charla trivial permite a la gente conectar entre sí, y fijándonos en la forma en que hablan, podemos observar mejor sus rasgos de personalidad y su conducta. Estas conversaciones son el alma de toda fiesta o evento, porque todo el mundo quiere despreocuparse y hablar con libertad. Si usted aprecia esto también, irá lanzado al dominio de las habilidades sociales y, en consecuencia, podrá hacer muchos más amigos.

Véalas como oportunidades para hacer amigos: Usted debe apreciar las fiestas, porque no tendrá demasiadas oportunidades para conocer a gente tan diversa. Una fiesta le permite conocer a personalidades de tipos muy diferentes, lo cual puede ser una buena oportunidad para hacer amigos y aprender sobre nuevas culturas. Debe ver las fiestas con una perspectiva diferente, porque conocer a gente nueva e interesante puede cambiarle fácilmente la vida. Esto le permitirá encontrar un mayor significado en estos eventos, y llegará a apreciar la esencia de esencia de estos encuentros sociales, ya que contribuirán directamente al desarrollo de sus habilidades comunicativas.

Tómese una copa y procure relajarse: La forma más directa de sortear los problemas que plantea la interacción en un evento social es tratar de adaptarse al ambiente. Como suele decirse: si no puede vencer a su enemigo, únase a él. Será fácil pasárselo bien si, sin dejar de ser usted mismo, se echa un trago e intenta disfrutar algunos de los aspectos de la fiesta. Muy probablemente, los demás se unirán a usted. Esto favorecerá el espíritu del evento y conseguirá que usted aprecie aún más a la gente a su alrededor.

Disfrute de la música/baile/anímese: Láncese a la pista de baile, aunque no sepa bailar. Intente liberarse y vivir el momento, pues esto le ayudará a entender mejor a la gente que le rodea. No hace falta ser un bailarín profesional para pasárselo bien: en eventos así, se trata de aliviar el estrés y tratar de disfrutar. Anímese e interactúe, ya que así conseguirá no aburrirse. No se quede siempre en el mismo sitio, porque así no disfrutará de la verdadera razón que le ha llevado a la fiesta.

Hable con gente que comparta intereses con usted: Mientras esté en la fiesta, es posible que escuche casualmente una conversación en la que alguien parece tener un interés común con usted. Charle con estas personas, ya que harán que el evento sea mucho más divertido. Escuche lo que tengan que decir y contribuya a la conversación: será una excelente ocasión para interactuar. Hablar con gente con intereses similares a los suyos supondrá un magnífico empujón para sus habilidades sociales, y hará que la velada sea mucho más animada.

Márchese antes de tiempo: Si pese a todo no está disfrutando de la fiesta o el evento, no ayudará obligarse a quedarse ahí. Si se encuentra desesperadamente aburrido o falto de interés, no habrá ninguna habilidad social que pueda aprender. Lo mejor que puede hacerse es irse temprano, pero prepárese para el próximo encuentro familiarizándose con los conceptos básicos de la destreza social. Con el tiempo, la paciencia jugará un papel importante en su dominio comunicativo, y no servirá de nada integrarse en un grupo de gente si uno se siente forzado.

Capítulo 15: Inteligencia Emocional

Por inteligencia emocional se entiende la habilidad de aprender y gestionar las emociones personales, así como las de los demás. Es una forma de controlar cómo nos sentimos y manejar nuestras emociones de cara al resto de la sociedad. Saber manejar las emociones propias es de extremada importancia, ya que nos permite dar un paso adelante a la hora de entendernos a nosotros mismos. Quienes controlan sus emociones también tienen una mejor salud mental, e interactúan mucho mejor con el resto de la comunidad. No obstante, es importante distinguir entre el cociente emocional (CE) y el cociente intelectual (CI).

Definición: Mientras que la inteligencia emocional se refiere a controlar emociones propias y ajenas, el cociente intelectual se refiere al resultado de una prueba estandarizada de inteligencia que demuestra la capacidad de una persona para razonar con lógica. Hay una clara diferencia entre ambos conceptos: uno tiene que ver con el control de las emociones, mientras el otro alude al nivel de inteligencia de una persona. El control emocional implica tomar decisiones importantes sobre cómo nos relacionamos con los demás, y también con nosotros mismos. El cociente intelectual, por su parte, es el resultado de un estudio académico en el que se obtiene una estadística para determinar la capacidad lógica de un individuo.

Habilidad: El cociente emocional ayuda a una persona a identificar y expresar sus emociones para asegurar una comunicación eficaz con la sociedad. Controlar las emociones también significa entender las de los demás, lo cual es una parte importante del dominio de las habilidades sociales. Se diferencia del cociente intelectual en cuanto a que implica aprender a implementar el conocimiento que hemos adquirido con el tiempo. El cociente intelectual muestra la capacidad de una persona para retener el conocimiento durante un período determinado, así como el nivel de desarrollo de su pensamiento lógico y abstracto.

Identificación: Para casi cualquier persona, el cociente emocional ayuda a identificar los retos emocionales y a lidiar con ellos. Este es un aspecto esencial de este factor, ya que puede afectar a cualquiera en la sociedad. Esto supone una tajante diferencia frente al cociente intelectual, que solo identifica a quienes sobresalen en las pruebas estandarizadas. Este tipo de pruebas ayudan a entender tanto a la gente con dificultades mentales como a quienes poseen un gran intelecto. Por lo tanto, ambas pruebas ayudan a reconocer diferentes conjuntos de problemas y procuran proporcionar una forma de afrontar los retos que puedan surgir.

Garantías: Si entendemos las implicaciones del cociente emocional, podemos aprender a controlar nuestras emociones. Esto nos facilitará obtener éxito en la vida, ya que podremos centrar nuestras emociones en tareas productivas que recompensen nuestros esfuerzos. Este es un aspecto importante de la inteligencia emocional, dado que demuestra que tenemos la habilidad de controlarnos. Por el contrario, el cociente intelectual ayuda a entender nuestro conocimiento para garantizar el éxito académico. El cociente intelectual se centra nuestra habilidad para aprender y no en nuestras emociones, y recalca lo bien que absorbemos y conservamos la información.

Medidas: El cociente emocional mide la solidez de nuestras emociones, así como nuestra habilidad para controlar las de otras personas. Por tanto, determina nuestro nivel de felicidad y tristeza, por ejemplo, además el control que ejercemos sobre nosotros mismos y los demás. Esto difiere del cociente intelectual, que proporciona una medida de la inteligencia de cada individuo. A partir de esta medida se puede determinar cuan inteligente es una persona, cuánto ha aprendido hasta ahora y cuánto está dispuesta a aprender.

Adquisición: La inteligencia emocional se aprende con el tiempo y depende en buen grado de nuestras habilidades sociales. Dominar dichas habilidades nos permitirá desarrollar inteligencia emocional, que a su vez nos llevará a tener una vida mucho más saludable ante los retos que se nos presentan. En cambio, el cociente intelectual se adquiere al nacer, dado que todo el mundo nace con distintos niveles de inteligencia. Esta es una diferencia importante entre ambos cocientes: uno representa una habilidad innata, mientras que el otro se puede alterar fácilmente entendiendo la importancia de las habilidades sociales.

¿Qué importancia tiene la inteligencia emocional, especialmente para usted?

Le permite entenderse mejor a sí mismo: La inteligencia emocional nos revela nuestras debilidades y, a la vez, nos da la clave para corregirlas. Se puede entender qué nos hace estar constantemente tristes y desarrollar un mecanismo para evitar esos problemas emocionales. Entenderse a usted mismo es un aspecto crucial para dominar las habilidades sociales, ya que, al hacerlo, descubrirá secretos oscuros de usted mismo que tal vez no quiera afrontar. También se verá más capacitado para relacionarse con los demás, ya que ahora entenderá mejor sus estados emocionales.

Le enseña a controlar las emociones: Otro aspecto importante del dominio de la destreza social consiste en controlar las emociones y asegurarse de que no se descontrolan. Incluso en las circunstancias más tristes, como en un funeral, es muy fácil detectar a quienes se mantienen más en calma. Esas personas saben controlar sus emociones, algo que debe aprenderse con el tiempo para permanecer en calma y ser comprensivas. La inteligencia emocional no solo le permite controlar sus emociones, sino también las de los demás.

Le permite entender a los demás: Cuando usted obtenga una mejor perspectiva de cómo las emociones afectan a su vida, le será más fácil entender a los demás y empatizar con ellos. En este caso, la inteligencia emocional confiere un breve instante en el que poder fijarse en las debilidades de otra persona y sentirse más identificado con ella. Controlar las emociones ajenas puede ser muy útil tanto para usted como para los demás, ya que podrán evitar mutuamente algunos problemas relacionados con el control emocional. Será mucho más fácil y sencillo comunicarse con otras personas, dado que usted habrá llegado a comprender mejor sus preferencias y sabrá qué capacidad tienen para mantener la calma en según qué situaciones.

Le ayuda a sobrellevar la presión y tomar mejores decisiones: La inteligencia emocional también nos ayuda a superar momentos difíciles aportándonos un control mental necesario. Es posible afrontar con sencillez las distintas presiones a las que nos somete la vida, y también es posible descubrir cómo motivarnos mejor. Por lo tanto, la inteligencia emocional hace que tomemos mejores decisiones, ya que nos ayuda a controlar la tristeza y la felicidad. Lo mismo se aplica a sus amigos, dado que también podrá controlar sus emociones para garantizar un estado de ánimo favorable. Aprender a sobrellevar la presión es una señal de que estamos dominando nuestras habilidades sociales y aprendiendo a relacionarnos mejor con la gente.

Pueden adoptarse varios métodos para mejorar la inteligencia emocional y garantizar una vida mucho más feliz:

Informarse sobre los conceptos básicos: Una de las mejores formas de expandir nuestro conocimiento sobre el control emocional es leyendo y familiarizándonos con algunos conceptos técnicos. En Internet encontrará varias fuentes de información para aprender sobre el control emocional y las distintas medidas que usted puede adoptar en su vida. Encontrar información por su cuenta es de vital importancia para el éxito, porque procura un mejor entendimiento de los aspectos básicos de las emociones. Leer material en línea le permitirá encontrar textos que muchos psicólogos han escrito sobre el tema, y con ello, aprenderá cuales son los mejores métodos para controlar las emociones.

Pedirle ayuda a un amigo: El apoyo que un amigo puede darle para aprender a controlar las emociones es muy valioso, ya que le proporcionarán consejos básicos según lo que saben de usted y su propio conocimiento vital. Con la ayuda de sus amigos podrá poner en práctica sus emociones sin que las cosas se salgan de las manos; un método muy efectivo para desarrollar su inteligencia emocional.

Aprender más sobre habilidades sociales: Esta es una excelente oportunidad para aprender a aplicar varios tipos de habilidades sociales en distintas situaciones de su vida. El control emocional le proporciona una mejor perspectiva para aplicar sus habilidades sociales, cosa que puede hacerse no solo para controlar nuestro estado de ánimo, sino también el de otras personas a nuestro alrededor. Conforme aprendemos a controlar nuestras emociones, las aptitudes sociales se vuelven aún más importantes, dado que son las responsables de cómo nos mostramos y comportamos en sociedad. Conseguir más información sobre habilidades sociales le permitirá relacionarse exitosamente con todo el mundo.

Gestionar las emociones: Lo más importante de perfeccionar la inteligencia emocional es que abre la puerta a un mejor control de nuestras emociones. Usted podrá entender el poder de la tristeza y la felicidad y sabrá cómo aplicarlas para mejorar su estado de ánimo y el de los demás. La inteligencia emocional está relacionada con la salud mental, porque todo consiste en encontrar la mejor forma de convivir con nosotros mismos y alcanzar la máxima felicidad posibles. Si usted consigue asegurar su felicidad, también estará mejor situado para influenciar positivamente la vida de los demás.

Antes de concluir este capítulo, es importante entender qué es la empatía. Se trata de un aspecto importante de la inteligencia emocional, porque alude a la habilidad de entender y compartir los sentimientos del prójimo. La empatía influye mucho en el dominio de la destreza social, dado que con ella mostramos nuestra comprensión por los demás y nuestra voluntad por ayudarlas. Tener en cuenta cómo la otra persona se siente también puede mejorar nuestras propias emociones, porque cuando hacemos feliz a alguien, se produce un impacto positivo en nuestro control emocional. Gracias a la empatía nos ponemos en la piel de los demás y conseguimos entender mejor aquello por lo que están pasando.

Capítulo 16: Consejos Prácticos Para la Comunicación (Sugerencias Básicas)

La siguiente lista ofrece algunos consejos útiles para la comunicación que le ayudarán a socializar con los demás en diversas circunstancias:

Buscar temas para abrir conversación: Hay muchas maneras de empezar una conversación con un desconocido, y para ello, se debe tener en cuenta el entorno del lugar. Si usted está intentando seducir a una posible pareja, la forma en que empiece la conversación determinará si ambos acaban trabando amistad. Empezar con un comentario interesante sobre el lugar en el que está es un buen principio, y le proporcionará la atención que necesita. Por ejemplo, si está usted en una boda y ve a una persona muy atractiva, puede dar comienzo a una conversación comentando lo bonita que está siendo la boda y lo mucho que le ha gustado el pastel. Los temas para abrir conversaciones son también importantes en el entorno laboral, ya que rompen el hielo y nos permiten relacionarnos con alguien nuevo. Dirigirse a una persona mediante la charla trivial es otra forma estupenda de afrontar esto, puesto que le dará la oportunidad de presentarse y de introducir su propio tema de conversación.

Hablar de forma clara y confiada: Podemos utilizar varios métodos para asegurarnos de que los demás nos perciben con claridad y que parecemos seguros de nosotros mismos. Para aumentar la confianza, algo que suele ayudar al comunicarse con otras personas es expresarse con el lenguaje corporal y las expresiones faciales. Cuando el lenguaje corporal coincide con lo que se está diciendo, el mensaje se transmite con claridad. Mucha gente se toma muy en serio el lenguaje corporal, y la mayoría lo utiliza como base para comunicarse y entender a los demás. La forma en que usted se presenta y comunica con su cuerpo determinará la claridad de su mensaje. Por ejemplo, cuando presente un nuevo producto a posibles clientes, sírvase del lenguaje corporal para añadir énfasis y asegurar que el mensaje se transmite de forma clara. Si lo consigue, usted ganará en confianza, ya que estará afrontando con precisión un problema comunicativo. Su habilidad para ser eficaz al comunicarse es lo que forja la confianza, lo que puede mejorarse aún más midiendo el estado emocional de quienes nos rodean. Adecúe sus palabras al tono que reina en la sala; no se comunique de forma excitada en un lugar en el que todos están serios, ni haga justo lo contrario.

Cómo poner fin a la timidez: Se pueden seguir varios planteamientos para ayudar a acabar con la timidez al relacionarse con otras personas. En primer lugar, hable con elocuencia acerca de un tema que le interese. Así podrá centrarse en algo que ya sabe y podrá hablar con franqueza, sin sentirse raro en ningún sentido ni notarse intimidado por sus interlocutores. Otra forma de desprenderse de la timidez es mantenerse de buen humor, ya que así podrá reírse y relacionarse con los demás. El buen humor ayuda mucho a olvidar que estamos en un grupo de gente, lo cual supone una forma eficaz de relajar y disfrutar de la compañía ajena. La timidez también puede evitarse con la práctica constante, sobre todo si se cuenta con la ayuda de alguien más. Dado que la timidez es una indicación de falta de experiencia en círculos sociales, cuanto más tiempo pase con otras personas, más acostumbrado estará a socializar. Así se impide que la timidez se convierta en un problema serio, pues usted se habrá acostumbrado a estar ante otras personas y, por lo tanto, habrá integrado una forma propia de conducirse socialmente.

Caer bien al instante: Otro aspecto a tener en cuenta a la hora de socializar es que caer bien facilita la comunicación y nos hace ganar aceptación en otros círculos. Alguien que tiene algo interesante de lo que hablar caerá bien enseguida, ya que tendrá información que compartir con el grupo. Apreciar la esencia de las charlas triviales le permitirá aportar temas de conversación interesantes y atraer la atención, dado que demostrará que sabe exactamente qué decir. Usted caerá bien de inmediato si exhibe los principios básicos de unas buenas habilidades sociales, como son la educación y la empatía. Alguien respetuoso y respetuoso caerá bien a menudo por su habilidad por saber conducirse ante otras personas. También es buena idea ser inquisitivo si la situación lo permite, porque a la gente suele disfrutar respondiendo preguntas, sobre todo si tienen que ver directamente con ellos. Nuestra curiosidad nos puede ayudar a entender qué clase de personas tenemos alrededor, y nos ayudará a interactuar con ellas y verlas como iguales.

Cómo hacer amigos: La forma más directa de hacer amigos es siendo respetuoso y considerado con los demás. Ya sea en un evento social o en el trabajo, es extremadamente importante ser paciente y amable con quienes nos relacionamos, porque la buena actitud atrae de inmediato a gente de naturaleza similar. Muéstrese distendido e interesado en los demás, porque con una actitud positiva les caerá bien en poco tiempo, lo que le permitirá hacer amigos y pasárselo bien. Tenga siempre algo interesante de lo que hablar, pues este es el principal aspecto de toda interacción entre dos personas. Su inteligencia puede jugar un papel importante a la hora de conseguir una amistad, ya que podrá buscar temas que les interesen a ambos. Encuentre un terreno común con un compañero de trabajo y céntrese en charlar sobre temas concretos. Con el tiempo conseguirá nuevas amistades, pues siempre habrá una oportunidad para comunicarse. Las interacciones exitosas se traducen en nuevos amigos, para lo cual es aún más importante entender los principios básicos de las aptitudes sociales.

Cómo hablar con confianza: La confianza es algo que se gana con el tiempo y la práctica; también es importante tener un espíritu valiente. No puede adquirirse confianza con un corazón débil: es necesario interactuar de forma plena con los demás y entender sus emociones. Comprender el arte de dar un discurso, por ejemplo, es crucial para aumentar la confianza, pues las lecciones básicas que se aprenden al afrontar dicha tarea nos ayudan a sentirnos más seguros. Uno debe ser valiente y estar dispuesto a colocarse frente a los demás sin sentirse intimidado, lo que puede conseguirse dominando las habilidades sociales. Para ganar confianza, la preparación lo es todo, pues así podemos organizar sistemáticamente nuestros pensamientos. Planear con antelación le dará una oportunidad para pensar cuáles son los puntos difíciles de los que quiere hablar, y armarse con este conocimiento es fundamental para asegurar que nuestra confianza no nos dejará de lado. También podemos sentirnos más seguros si entendemos el estado emocional de la persona a la que nos dirigimos, lo que nos proporcionará una mejor perspectiva de su estado de ánimo. De este modo, podremos hablar sin miedo a ofenderla, e incrementaremos nuestra confianza según entendemos su personalidad y sus rasgos.

Cómo resultar encantador siempre: Para resultarle agradable a los demás, nuestro conocimiento es uno de los aspectos más importantes, así como contar con buenas habilidades comunicativas. Una persona encantadora siempre es inteligente y puede hablar de lo que sea sin casi ningún tipo de miedo. Las personas agradables no le resultarán tímidas, porque pueden procurarse confianza a sí mismas mientras se relacionan con los demás. Estar bien informado de un tema en concreto y mantenerlo como tema de conversación asegurará que la conversación sea agradable, dado que estará hablando de algo interesante. Mantenga la atención de su interlocutor centrándose en un tema que se le dé bien; así le caerá bien de inmediato. Ser encantador también significa ser respetuoso con su interlocutor y ser capaz de hacerle sentir tan cómodo como sea posible. A todos nos gusta la gente que entiende qué nos gusta y nos trata con adecuada consideración.

Habilidades comunicativas (en general): Estas se pueden aprender con el tiempo, y para ello, la clave reside en mejorar nuestra habilidad para comunicarnos. El primer paso es entender los aspectos básicos, como el lenguaje corporal y las expresiones faciales, que forman una importante base en cuanto a la comunicación eficaz. Aprender a comunicarse con señales corporales comunes mejorará mucho sus habilidades de comunicación, ya que así le será posible hacerse entender entre un gran número de personas. Las habilidades comunicativas siempre pueden mejorarse con la práctica, y puede ser buena idea pedirle ayuda a un amigo. Pruebe distintas técnicas de comunicación y aprenda a entender sus diferencias según las diversas situaciones en las que puedan aplicarse. Tener éxito a la hora de socializar va inevitablemente unido al perfeccionamiento de las habilidades comunicativas. Esto le permitirá hablar con gente de distinta personalidad y diversificar su grupo de amigos. Las habilidades comunicativas también pueden aprenderse observando cómo se comunican los demás, sobre todo aquellas personas extrovertidas que desprenden un encanto natural al interactuar con otras personas. Imitar la manera en que los extrovertidos interactúan y se comunican con los demás le dará una nueva perspectiva sobre cómo desarrollar sus habilidades de comunicación.

Capítulo 17: Individuos Inspiradores

Para adquirir habilidades sociales eficaces, los introvertidos pueden aprender mucho de personas famosas y líderes mundiales. Imitar los modelos de personajes célebres puede suponer una ayuda importante para entender cómo interactuar mejor con los demás. La mayoría de las personas que copan los titulares son extrovertidas, y el ejemplo que marcan puede ser una buena guía para desarrollar nuestras habilidades sociales. Algunas personas extrovertidas se inspiran en dichos personajes famosos, y los introvertidos que busquen la forma de mejorar su destreza social pueden hacer lo mismo. A continuación, ofrecemos una lista de individuos muy conocidos que pueden ofrecerle un ejemplo sobre cómo interactuar en sociedad:

Donald Trump: La personalidad del presidente de los Estados Unidos muestra un ejemplo de cómo los lideres hablan y ejercen sus habilidades sociales. El presidente actúa de forma franca e impulsiva al dirigirse al público, y logra atraer la atención de la gente mostrándose extrovertido y temerario. Estos son rasgos importantes que aprender, porque representan una forma habitual de llamar la atención de los demás. Sin embargo, viendo los discursos airados de Trump, es necesario aprender la importancia de ser humilde.

Keanu Reeves: El famoso actor es justo lo contrario de Trump y muestra una personalidad muy reservada tanto en pantalla como en la vida real. El actor demuestra que no es necesario ser excesivamente llamativo o impulsivo para comunicarse con eficacia. La confianza en uno mismo es un rasgo tan importante como cualquier otro, y es la responsable de atraer la atención de todos los oyentes. Es posible centrarse en decir cosas que tengan sentido en lugar de ser impulsivo, lo que puede ser crucial para relacionarse adecuadamente con los demás.

Barack Obama: Se trata de un personaje bastante querido por casi todo el mundo, y esto se debe a la inteligencia que muestra al hablar. De Obama podemos aprender la vital importancia de prepararse antes de dirigirse a otras personas, algo que marca la diferencia en lo que queremos decir y en la forma en que se transmitirá nuestro mensaje. Confiar en el atractivo de nuestra inteligencia al comunicarnos con los demás mantiene la atención fija en nosotros y nos hace caer mejor. La lección más importante que nos enseña Obama es la de ser humilde y respetuoso, teniendo cuidado con lo que le decimos a los demás.

Theresa May: La primera ministra británica también es una oradora tranquila, aunque muy efectiva cuando se trata de hacer llegar su mensaje. Esto se debe a que habla con firmeza y confianza al exponer sus argumentos, y su actitud impávida a la hora de resolver problemas debería ser toda una inspiración para los introvertidos. Observe cómo maneja los medios de comunicación, ya que impone un sutil respeto con una buena presencia. Sea firme e infatigable cuando presente información y no tendrá problemas para interactuar con personas similares a usted.

El papa Francisco: El papa es un individuo modesto, incluso tímido, que habla sosegadamente incluso al dirigirse a toda una multitud. Esta característica es importante teniendo en cuenta que hablamos de la cabeza de la Iglesia católica y que demuestra que no es necesario ser llamativo ni impulsivo al dar un discurso. La gente suele agradecer que se empiece una conversación con amabilidad y humildad, y como resultado, se muestran más dispuestos a hablar. Del papa se puede aprender que, a la hora de interactuar, los silencios no tienen nada de malo, pues es mejor permanecer sereno que llamar demasiado la atención y quedar como ignorantes.

Oprah Winfrey: Una persona a la que le gusta hablar libremente y sin temores frente a su público. Su técnica de comunicación se apoya en proporcionar mucha información, el lenguaje corporal y una gran consideración por el lenguaje que utiliza. Oprah es un buen ejemplo de la importancia que tiene la confianza en la comunicación, y sus dotes sociales se han desarrollado en base a esta característica. Cuando escuchamos a Oprah, resulta obvio que es importante ser abierto de mente y que se puede aprender mucho en cuanto a comunicación observando su forma de interactuar con la audiencia.

Vladimir Putin: El presidente de la Federación de Rusia es un orador firme y sirve de inspiración para saber cómo interactuar como los demás. Putin exhibe una forma única de comunicación: apenas incorpora gestos faciales ni lenguaje corporal a su discurso, pero, aun así, logra hacerse entender con claridad. La claridad del mensaje que comunica es tan importante como la confianza y la firmeza con las que lo hace. Putin siempre se prepara sus ruedas de prensa y, incluso al contestar a preguntas espontáneas, da la sensación de haber planeado meticulosamente todas sus respuestas. Putin ha demostrado que es posible minimizar la comunicación corporal sin dejar de transmitir el mensaje de forma eficaz.

Beyoncé: Se trata de una artista muy famosa que se ha labrado su reputación produciendo buena música. Su estilo comunicativo se basa en varios aspectos, incluyendo su vestimenta y la tranquilidad de su voz. Siempre insiste en dirigirse individualmente a cada persona, y sobre el escenario, muestra una conducta muy general e inclusiva. De ella podemos aprender que la forma en que nos presentamos desempeña un papel importante en nuestra comunicación.

Seguramente, usted mejorará sus habilidades sociales si se presenta ostentosamente ante los demás para captar su atención.

Melania Trump: Otra oradora silenciosa que muestra rasgos introvertidos por la forma en que se mantiene apartada. Habla con mucha delicadeza y demuestra lo importante que es contar con información anticipada antes de dirigirse a los demás. No hay por qué ser demasiado llamativo al hacer un discurso, porque es igualmente posible comunicar bien nuestro mensaje manteniéndonos tranquilos y sosegados. Es mejor ganarse el respeto ajeno manteniendo la calma que tratando de llamar la atención sin saber si comunicaremos eficazmente o no lo que queremos decir.

Conclusión

Gracias por leer *Habilidades Sociales: Cómo Analizar al Instante el Carácter y el Lenguaje Corporal de los Demás, Entablar Charlas Triviales y Conversaciones Siendo Introvertido, y Aprender Consejos Muy Eficaces Para la Comunicación.* Esperamos que le haya resultado instructivo y que le haya proporcionado todas las herramientas que necesita para cumplir sus objetivos.

La información que le ha proporcionado este libro le servirá de guía para saber cómo socializar con los demás y encajar fácilmente en la sociedad, aun siendo alguien de personalidad introvertida. Los introvertidos tienden a mantenerse al margen, y mucha gente da por hecho que no tienen las habilidades sociales necesarias para mostrar conductas propias de los extrovertidos. La primera sección de este libro ofrece información sobre los rasgos de introversión, además de explicar cómo lidiar con la ansiedad social. Se han ofrecido consejos básicos para marcar objetivos que permitan mejorar las aptitudes sociales, de tal modo que los introvertidos puedan relacionarse eficazmente con los demás.

El libro subraya la importancia de mantener una destreza social apta, ya que esa es la clave para adaptarse con éxito a la sociedad. También le hemos informado de cuáles son las mejores formas de analizar a la gente, aportando mucha información acerca del lenguaje corporal y las expresiones faciales. Además, se han discutido los distintos rasgos de personalidad y los mejores métodos con los que los introvertidos pueden relacionarse con otras personas. Hemos procurado centrarnos en los retos a los que se enfrentan las personas introvertidas, e incluso hemos expuesto algunas formas para afrontar apropiadamente las charlas triviales. El libro ha aportado algunos consejos para interactuar en eventos sociales; asimismo, hemos echado un vistazo a la inteligencia emocional, que es un factor a tener en cuenta si se quiere entender a los demás y cuál es la forma más eficaz de relacionarse con ellos.

Como colofón, hemos proporcionado algunos consejos básicos para la comunicación, incluyendo algunos ejemplos de personajes célebres que sirven de inspiración para aprender habilidades sociales.

El siguiente paso es atreverse a utilizar los consejos, trucos, herramientas y técnicas aportadas para que usted pueda tomar conciencia del potencial de sus habilidades sociales, y para que gane confianza mientras sus habilidades comunicativas siguen progresando.

No sea duro consigo mismo si al principio progresa con lentitud: siga insistiendo y verá hasta dónde puede llegar. Además, algunas técnicas se adquieren con mayor naturalidad que otras, así que no se preocupa: el trabajo dará sus frutos, y cuanto más practique sus dotes sociales, más seguro de sí mismo se sentirá.

Por último, si este libro le ha resultado útil, ¡una reseña en Amazon siempre será bien recibida!

Vea más libros escritos por Matt Holden

www.ingramcontent.com/pod-product-compliance
Lightning Source LLC
LaVergne TN
LVHW041646060526
838200LV00040B/1735